PALABRAS, ESTRATOS Y REPRESENTACIONES
TEMAS DE FONOLOGÍA LÉXICA EN ZOQUE

SERIE
ESTUDIOS DE LINGÜÍSTICA Y LITERATURA
XXIX

CENTRO DE ESTUDIOS LINGÜÍSTICOS Y LITERARIOS

PALABRAS, ESTRATOS Y REPRESENTACIONES
temas de fonología léxica en zoque

Esther Herrera Zendejas

EL COLEGIO DE MÉXICO

342.72
B474d
1995

Herrera Zendejas, Esther
Palabras, estratos y representaciones. Temas de fonología léxica en zoque / Esther Herrera Zendejas. - México : El Colegio de México, Centro de Estudios Lingüísticos y Literarios, 1995.
200 p. : map. ; 22 cm. - (Serie estudios de lingüística y literatura ; XXIX)

ISBN 968-12-0661-4

1. Zoque en México.

Portada de Mónica Díez-Martínez

Primera edición, 1995

ISBN 968-12-0661-4 (versión original)
978-968-120-661-1 (versión facsimilar)

Impreso en México/*Printed in Mexico*

ÍNDICE

RECONOCIMIENTOS

Deseo expresar mi gratitud a todos aquellos que han hecho posible este trabajo; en particular a los señores Juan López Morales y Fernando Deferia, dos jóvenes zoques sensibles a su lengua cuya disposición en el trabajo de recolección resulta para mí invaluable. Gracias a ellos el trabajo de campo fue más placentero. Me permitieron acceder, no sólo a su lengua, sino a su cosmovisión, sus costumbres y a la historia de su pueblo.

Esta obra, originalmente presentada como tesis de doctorado, debe mucho a las discusiones con otros lingüistas; entre ellos, Heles Contreras, Joan Mascaró, Thomas Smith, quien fue el asesor de tesis; asimismo al grupo de profesores de la Universidad de París 7: George Hérauld, George Boulakia, con quienes tuve la oportunidad de trabajar aspectos de la teoría autosegmental, durante mi estancia en Francia en 1988.

También quiero agradecer el apoyo financiero que recibí de mi lugar de trabajo, la Universidad Autónoma Metropolitana-Iztapalapa (UAM).

Finalmente, mi reconocimiento a Aarón Alboukrek, mi esposo, quien con su apoyo le ha dado a mi vida la serenidad y el estímulo para realizar esta empresa.

PRÓLOGO

El presente trabajo se ocupa del examen de la lengua zoque desde la perspectiva de la fonología léxica. En este marco teórico, la morfología y la fonología confluyen y se entrelazan formando el objeto de estudio; por ello los temas de las páginas que siguen tratan dos puntos esenciales. Por un lado, están destinadas a mostrar que el léxico de la lengua está estructurado en estratos y que en ellos tienen lugar los procesos fonológicos; por otro, intentan descubrir los principios y los parámetros que están presentes en el sistema fonológico de la lengua. El estudio morfológico sigue los planteamientos de la teoría de X barra, y en el análisis de los procesos fonológicos adoptaremos el planteamiento general de la fonología no lineal.

A lo largo del análisis del sistema morfológico y fonológico del zoque he intentado establecer un diálogo, tanto con los principios de la fonología léxica, como con los postulados de la teoría fonológica no lineal.

En el capítulo I presento un recorrido teórico que va desde la ruptura con el descriptivismo (Chomsky y Halle, 1968) hasta la teoría fonológica autosegmental de nuestros días, pasando por los distintos momentos de transformación que ha vivido el léxico. Aunque son páginas introductorias, la intención de este capítulo es dar una visión coherente que permita al lector comprender los alcances de la fonología no lineal y la importancia de un léxico estructurado, donde actúan las reglas de afijación y se producen los cambios fonológicos.

Posteriormente, en el capítulo II presento un análisis de la estructura de las palabras, mostrando los diferentes tipos de formación que tiene la lengua zoque. En esta parte, mostramos que la teoría de X barra permite dar un tratamiento homogéneo a la derivación y a la flexión. Por sus características en la fonología, el zoque muestra que una teoría como la fonología léxica, que unifica en el léxico la derivación y la flexión, puede dar cuenta de los cambios que ocurren con ambos tipos de sufijos. Tal es el caso de la armonía vocálica que sucede en sufijos derivativos y flexionales. Asimismo, el estudio de la estructura de la palabra tiene como fin la delimitación de los estratos del léxico, con base en el comportamiento morfológico de los afijos. El análisis de los distintos sufijos flexionales permite establecer que en la lengua los sufijos temporales funcionan como barreras entre dos grupos. Esta división se traslada al léxico y sirve para reconocer dos estratos en la flexión, además de los que comprenden a la composición y a la derivación.

En el capítulo III se delimitan los estratos del léxico de la legua zoque, a saber: derivación, composición, flexión I y flexión II. Esta delimitación toma como base el comportamiento morfológico y fonológico de los diferentes afijos. La existencia de formaciones como $[[[\text{¢a'}]_N\ [\text{tuh}]_N]_N\text{ah}]_V$ **¢a'tuh–**, *granizar*, implica la necesidad de un *loop* entre el estrato de la composicion y el de la derivación. En efecto, en el ítem *granizar* se trata de un compuesto nominal a partir de dos nombres que puede recibir el sufijo **-ah-** y con ello formar un verbo.

En el capítulo IV, dedicado al estudio fonológico, las representaciones plurilineales son centrales; en él introducimos la geometría de los rasgos y discutimos su adecuación en la comprensión de los procesos fonológicos. A la luz de la teoría no lineal, o autosegmental, los procesos fonológicos están gobernados por ciertas restricciones; ya que esta geometría jerarquiza los rasgos, la teoría prevé que se puedan efectuar las operaciones en cualquier nivel de la representación geométrica, según el principio de localidad que requiere una adyacencia entre los dos segmentos relacionados en el proceso. Los casos de armonía vocálica del zoque son interesantes al respecto, pues en ellos no se satisface la localidad de manera evidente. Nuestro análisis intenta mostrar cómo se resuelven naturalmente en una teoría que jerarquiza las representaciones y permite el acceso de las reglas en los diferentes niveles.

Otro de los principios sustanciales a la teoría que queremos indagar, es el Principio del Contorno Obligatorio (PCO), que rige a las representaciones e impide las secuencias de elementos iguales. Nuestra hipótesis respecto a la lengua es que en ella no sólo actúa restringiendo las secuencias morfemáticas, sino que es un principio generador de procesos fonológicos. Mostraremos cómo su papel en la lengua es crucial para entender los procesos de simplificación consonántica e inserción de /'/.

Entre los procesos que ofrecen la oportunidad del diálogo con la teoría, se encuentran los que se relacionan con las nasales de la lengua (nasalización, desnasalización con y sin sonoridad), en tanto su explicación requiere que se discuta la ubicación del rasgo [nasal] dentro de la geometría de rasgos. La solución que proponemos, en el caso de la nasalización, es un ejemplo de cómo la teoría autosegmental permite la posibilidad de dar cuenta de los segmentos opacos, es decir, aquéllos inmunes a la nasalización, y de los transparentes, esto es, los que sin ser afectados, permiten que se manifieste en el segmento siguiente.

El capítulo V trata de las estructuras métricas de la lengua; incluye el acento y la estructura silábica. En él introducimos los principios de localidad y direccionalidad y presentamos las condiciones de buena formación de la sílaba. Los procesos fonológicos que se relacionan con la estructura silábica nos llevan nuevamente al diálogo, esta vez, con la fonología léxica. Creemos que los procesos de metátesis de yod y la simplificación de consonantes son elocuentes respecto a la necesidad de hacer más laxa la relación estrato-regla fonológica, para dar cabida en el léxico a procesos que se presentan en todos los estratos.

Finalmente, en el capítulo VI, se retoman ciertos aspectos de la lengua con el fin de evaluar el nivel de representación léxica. Con base en la evidencia externa, representada por los juicios de los hablantes y la asignación de pausas, se reitera la necesidad de un nivel de representación intermedio entre el subyacente y el fonético.

Sin embargo, no quisiera dejar la impresión de haber agotado todos los temas. En las páginas dedicadas a la morfología hay algunos temas que no están resueltos de acuerdo con la importancia y complejidad que tienen. Uno de ellos en particular se refiere a la formación de verbos a partir de un nombre y un verbo, como por ejemplo el verbo **nahstah-**, *arar*, en el cual interviene **nahs**, *tierra* y **tah-**, *picar/remover*. En nuestro análisis estos compuestos reciben una interpretación unificada en el léxico al igual que los demás tipos de compuestos. Lo mismo sucede con las formaciones causativas en el zoque. Para estos dos procesos morfológicos sería necesario plantearse el problema desde la perspectiva de Baker (1988) y con el apoyo que exista en la lengua tratarlos como incorporaciones, ya sea del morfema causativo o del objeto en la formación de los verbos. Un análisis más profundo de estas cuestiones puede definir si ambos tienen lugar en el léxico o deben analizarse en el componente sintáctico.

Asimismo, en el análisis de la sufijación hay un aspecto que no resolvemos plenamente. Se trata del problema que plantean aquellos sufijos cuyo marco de adjunción es tanto nombres como verbos. Esta particularidad de la lengua plantearía la necesidad de combinar el modelo de X barra con un formalismo adicional que dé cuenta de esa característica de la lengua. A lo largo de nuestro análisis sentimos que la distinción entre nombre y verbo se desvanecía con ciertas bases. No hemos profundizado en estos problemas, pues cada uno corresponde a una investigación independiente.

Sin embargo, además de ayudarnos a delimitar los estratos del léxico, la sección correspondiente al estudio morfológico nos permite conocer los distintos procesos en la formación de palabras y, con apoyo en la teoría de X barra, capturar ciertas generalizaciones.

Por el contrario, en las secciones sobre fonología —que son centrales en nuestro trabajo— hemos profundizado en la solución de los procesos; cuando el caso lo amerita, incluso hemos mostrado varias soluciones y hemos discutido las ventajas de aquella que parece convenir a la lengua en su conjunto.

I. MARCO TEÓRICO

La fonología en el paradigma generativista

Desde una perspectiva contemporánea, el proceso de desarrollo de la fonología generativa ha vivido tres etapas fundamentales. En la primera de ellas, las preocupaciones giraron en torno a la función de las reglas del componente fonológico. Posteriormente, las investigaciones se encaminaron hacia el establecimiento de las relaciones entre el componente fonológico y el léxico, y hoy día, el interés de la teoría fonológica se centra, esencialmente, en el estudio de la naturaleza misma de las representaciones fonológicas, así como en el descubrimiento de los principios que las rigen.

Las bases de la teoría fonológica generativista se consolidaron con la publicación de *The Sound Pattern of English* (abreviado SPE) de Chomsky y Halle (1968). Esta primera fase se caracterizó por un marcado interés en la formulación, la aplicación y la relación entre las reglas fonológicas.[1] El grupo de fonólogos reunidos en torno a SPE se unificó merced a una preocupación compartida: el descubrimiento, en las lenguas, de los principios subyacentes a los datos primarios. Es decir, más allá de una clasificación de los datos, el análisis estuvo guiado hacia el establecimiento de una gramática que expresara las generalizaciones en los procesos de las lenguas (Chomsky, 1964: 26). Así, en la evaluación que hacen del descriptivismo Chomsky (1964) y Chomsky y Halle (1968), en particular de las condiciones que rigen el paso del nivel fonémico al fonético: linealidad, biunivocidad, invariancia y determinación local, concluyen que la teoría fonológica no requiere del nivel de representación del fonema taxonómico; en lugar de tres niveles de representación, postulan sólo dos: el subyacente y el de superficie; el primero sirve de entrada al conjunto de reglas y el segundo es su resultado: "Notice that the issue in this case is not terminological but rather substantive; the issue is whether the rules of a grammar must be so constrained as to provide, at a certain stage of generation, a system of

[1] Algunos de los trabajos representativos de este periodo son: Harris (1969), Léon *et al.* (1977), Kenstowicz y Kisseberth (1977 y 1979), Dell (1985), entre otros.

representation meeting various proposed conditions." (Chomsky y Halle, 1968: 11).

Esta reducción de niveles trajo consigo la eliminación del término "fonema"; las representaciones fonológicas se concibieron como una secuencia de segmentos, que son matrices de rasgos, con cierto número de líneas que especifican los valores de los rasgos distintivos y que reflejan el orden de la sucesión temporal, en el orden de las columnas. Sin embargo, la eliminación del nivel intermedio, la necesidad de un ordenamiento extrínseco de las reglas y el uso de rasgos diacríticos en las representaciones muy pronto convirtieron la teoría fonológica en plataforma de debates en torno al grado de abstracción de las representaciones.

Uno de los hitos de esta primera etapa es el artículo de Kiparsky (1968), en cuyo título formula una pregunta esencial: "How abstract is phonology?" La motivación de Kiparsky por reducir el grado de abstracción fue la existencia de las neutralizaciones absolutas, resultado de los análisis que recurren al uso de diacríticos en las reglas fonológicas. Un ejemplo ilustrativo, comentado en Hooper (1976: 6), es el análisis de Saporta (1965) para dar cuenta de la alternancia **s:sk** del español que ocurre en verbos como *crecer*: /sk/ se observa en la primera persona singular, presente y en el presente de subjuntivo; /s/ en los demás casos: [kreses], [kresen]:[kresko] [kreska]; frente a verbos como *coser*, en los cuales, tal alternancia no se presenta: [koses], [kosen]:[koso], [kosa]. Saporta propone las dos reglas siguientes:

(1)

$$R_1 \; \emptyset \rightarrow k \; / \; V\theta \_\_ + \begin{Bmatrix} o \\ a \end{Bmatrix}$$

$$R_2 \; \theta \rightarrow s$$

mediante las cuales deriva la representación fonética de una representación subyacente como la siguiente:

(2)

RS	/kreθo/	/kreθe/	/koso/	/kose/
R_1	kreθko	______	______	______
R_2	kresko	krese	______	______
RF	[kresko]	[krese]	[koso]	[kose]

La principal objeción a este análisis se refiere a la distinción subyacente de los segmentos [θ] y [s], es una distinción que, en el español de

México, nunca se realiza en la superficie; está presente sólo para desencadenar la aplicación de la regla 1; una vez que ésta se aplicó, se cambia con la regla 2. El hecho de cambiar [θ] por [s] con una regla sin contexto y de aplicación obligatoria es lo que produce la neutralización absoluta, y es lo que Kiparsky llama el uso de diacríticos en las representaciones fonológicas. Las reglas que incluyen, en las representaciones subyacentes, segmentos inexistentes en la superficie sólo sirven para desencadenar su aplicación, y violan la Condición de Alternancia propuesta por Kiparsky, según la cual, la relación subyacente-fonético debe ser más clara. Cabe destacar que para este autor la eliminación de los rasgos diacríticos de las reglas es una manera de cumplir con la Condición de Alternancia y en consecuencia de reducir el grado de abstracción.

Por otra parte, el ordenamiento extrínseco de las reglas fue discutido por la fonología generativa natural (FGN). Para Hooper (1976) este tipo de ordenamiento convirtió en abismo la distancia entre las representaciones subyacentes y las fonéticas. Dentro de esta orientación teórica, el orden alimentador es el orden intrínseco por excelencia y el único aceptable. A manera de ejemplo, tomemos una lengua hipotética que tenga las dos reglas siguientes en su gramática:

(3)

R_1 X —> Y / __Q
R_2 R —> Z / __Y

Si se tiene la secuencia RXQ, la regla 1 puede aplicarse pues satisface su descripción estructural; a su vez, el resultado de la regla 1 es un *input* de la regla 2, pues la secuencia RYQ coincide con sus requerimientos. Tendremos pues RXQ como secuencia inicial, la aplicación de la regla 1 la convierte en RYQ y ésta se convierte en ZYQ con la aplicación de la regla 2. Este orden es alimentador en la medida en que la regla 2 no puede aplicarse a la secuencia inicial, sino que debe esperar a que la regla 1 se aplique y con ello la alimente.

Frente a este tipo de ordenamiento, se encuentra el denominado ordenamiento extrínseco, en el cual la descripción estructural de las reglas no es lo que determina la aplicación de tal o cual par de reglas. Entre el ordenamiento extrínseco se encuentra el orden contra-alimentador, que ejemplificaremos con el análisis de Harris (1969) de las alternancias **k:s** y **g:x**, observadas en los pares como *médico:medicina; fonólogo:fonología,* etc., para las cuales elabora la regla siguiente.[2]

[2] Para una crítica de este y de los otros tipos de ordenamiento extrínseco, véase Hooper (1976).

(4)

$$R_1 \left\{ \begin{matrix} k \\ g \end{matrix} \right\}_1 \longrightarrow \left\{ \begin{matrix} s \\ x \end{matrix} \right\}_1 \Big/ \underline{\quad} \underset{[\text{-post}]}{V}$$

Para las formas que no sufren el cambio, que por cierto son numerosas (*que, kilo, águila, guía*. . .) Harris representa los segmentos en cuestión con una labialización: /k^w/ y /g^w/ respectivamente e implementa la regla que elide el glide en cuestión:

(5)

$$R_2 \; w \longrightarrow \emptyset \Big/ \begin{bmatrix} -\text{sonorante} \\ +\text{ post} \end{bmatrix} \underline{\quad} \underset{[\text{-post}]}{V}$$

Entre las dos reglas anteriores, se establece una relación contra-alimentadora: si las invirtiéramos, la segunda regla alimentaría a la primera. Veamos las dos derivaciones con los diferentes órdenes.

(6)

	contra-alimentador			alimentador	
RS	/apike/	/k^we/		/apike/	/k^we/
R_1	apise	______	R_2	______	ke
R_2	______	ke	R_1	apise	se
RF	[apise]	[ke]	RF	[apise]	*[se]

Hooper intentó reducir el grado de abstracción mediante la Condición de no Ordenamiento, la cual estipula que una regla se aplica a cualquier ítem que satisfaga su descripción estructural. Asimismo, el deseo de volver más concretas las representaciones llevó a la FGN a fraccionar el componente fonológico y, a la manera descriptivista, distinguió distintos tipos de reglas según el contexto en el que operan: reglas **morfofonémicas** para describir los procesos que requieren información morfológica o sintáctica; reglas condicionadas **fonéticamente** para el caso de los cambios automáticos, y reglas **vía** para expresar aquellas correspondencias que, sin ser sistemáticas, se observan entre pares de palabras.

Tomemos algunos datos del español para ejemplificar los diferentes tipos de reglas. La asimilación que sufre la nasal del prefijo privativo **in-** en: **in+posible** —> **imposible**; **in+decente** —> **indecente**, en la medida en que involucra una frontera morfológica requerirá, según la FGN, una regla de tipo morfofonémico, mientras que la asimilación que se observa en el interior de las palabras, requerirá de una de tipo fonético: <antes> —> [antes]; **<envase>** —> [**embase**]. Una regla vía relacionará pares como **lácteo:leche, noche:nocturo**, en los cuales hay una correspondencia entre el grupo [kt] y la [č].

Si bien es cierto que la FGN señaló la existencia de problemas, eso no indica que haya dado soluciones satisfactorias. Como se aprecia en el ejemplo de las nasales, esta división de reglas encubre el hecho patente de que se trata de un proceso generalizado del español, que impide la secuencias *[**np**] y también las del tipo *[**nf; nk; nč**].

Así pues, tanto el mecanismo de Kiparsky, como las restricciones de la FGN representan un intento por acercar el contenido de las representaciones subyacentes al de las fonéticas. Sin embargo, el diálogo que estableció la fonología concreta con los partidarios de los análisis abstractos llegó a convertirse en un callejón sin salida, debido a la poca capacidad para capturar generalizaciones. Como lo comentan Van der Hulst y Smith (1982a: 2): "los partidarios de la fonología concreta y la natural fueron incapaces de convertir a los partidarios de los análisis más abstractos".

Estructura de las representaciones fonológicas

El carácter improductivo de las discusiones, aunado al creciente interés por el estudio de los fenómenos suprasegmentales, dio lugar a una segunda etapa. En ella las cosas han tomado un cauce diferente: el sistema de reglas cedió su lugar a la estructura misma de las representaciones.

Desde el punto de vista de SPE, las representaciones fonológicas tienen un carácter lineal dado por segmentos, lindes y rasgos; si se pasa de un segmento a otro, se pasa, necesariamente, de un conjunto de rasgos a otro distinto (Goldsmith, 1976). La consecuencia inmediata de este hecho, frente a su inadecuación para los fenómenos tonales, fue el cuestionamiento de la linealidad y la sincronización de las representaciones, tanto por los estudios del acento como por los fenómenos tonales. Dichos cuestionamientos fecundaron dos vertientes actuales: la fonología métrica y la autosegmental, ambas reunidas bajo el rubro más general de fonología no lineal.

Los fenómenos como la estabilidad (Goldsmith, 1976: 205), es decir, aquellos procesos fonológicos en los cuales los tonos permanecen a pesar de que se elidan, o cambien de lugar los segmentos portadores, y los contornos tonales, es decir, cuando un tono descendente debe tratarse como una secuencia de alto más bajo, llevaron a la consideración de que:

> il y a, entre consonnes et voyelles d'une part et les tons d'autre part, un rapport, qui n'est pas sans rappeler celui qui entretiennent le texte et l'air d'une chanson. Le texte et l'air d'une chanson sont deux objects de nature differente qu'on peut décrire indepéndement l'un et l'autre. (Dell y Vergnaud, 1984: 7)

Esta transposición de la música a las representaciones fonológicas expresa la idea de que los procesos tonales serán mejor explicados si se tienen representaciones multilineales en las cuales los rasgos de los segmentos y los de los tonos, se puedan representar en gradas (*tiers*) diferentes. Con ello, los rasgos relativos al segmento se pueden manipular sin afectar a los de las gradas del tono y viceversa.

Los dos ejemplos siguientes tienen la intención de mostrar las dificultades que surgen cuando se intentan representar los segmentos y los tonos en una misma matriz de rasgos.

(7)
C V̀ C V́ C V̂. . .
(Donde ˋ =tono bajo; ˊ =tono alto, y ^ =tono descendente).

En efecto, la representación de la vocal con el contorno tonal tropieza con grandes problemas: (abrevio el tono con los valores correspondientes, @ es una variable para los valores [+] o [−]).

(8)

a. $\begin{bmatrix} \text{+sil} \\ \text{@post} \\ \text{+A} \; -\text{A} \end{bmatrix}$ *b.* $\begin{bmatrix} \text{+sil} & \text{+sil} \\ \text{@post} & \text{@ post} \\ \text{+A} & -\text{A} \end{bmatrix}$ *c.* $\begin{bmatrix} \text{+sil} \\ \text{@post} \\ \text{+D} \end{bmatrix}$

La representación de *a* es imposible pues viola la definición misma de segmento, ya que tiene valores opuestos para un mismo rasgo; la de *b* no caracteriza a una vocal breve sino larga, y la de *c*, aunque se refiere a un tono descendente, no permite interpretarlo como una secuencia de alto más bajo. Si permitimos que los tonos ocupen una grada distinta, los contornos tonales se representarán fácilmente.

(9)

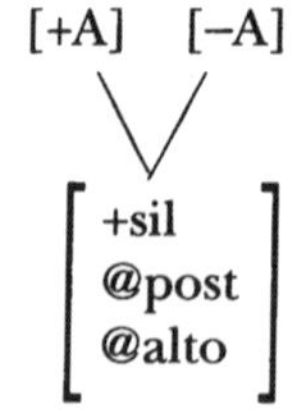

El fenómeno de la estabilidad se puede ejemplificar con datos que hemos obtenido del hñahñú (otomí), lengua de la rama otopame, de la familia otomange.[3] En esta lengua hay un juego lingüístico que consiste en invertir el orden de las sílabas: **k'èñá**, *víbora*, se convierte en **ñàk'é**. Nótese que las sílabas se invierten pero el patrón tonal no se modifica. Si los tonos fueran parte de la representación segmental, es decir, si la matriz de rasgos contiene las especificaciones tonales, se tendría un resultado incorrecto: ***ñák'è**, pues al invertir cualquier segmento se invierte la columna entera.

(10)

k'	e	ñ	a
[−son, +pos]	[+sil, +media, −A]	[+son, +alto]	[+sil, +baja, +A]
1	2	3	4

La regla segmental convertirá la secuencia 1234 en 3412, pero también cambiará los tonos. La opción autosegmental consiste en poder representar el ítem de la siguiente manera:

(11)

	[−A]		[+A]
	|		|
k'	e	ñ	a
[−son, +post]	[+sil, +media]	[+son, +alto]	[+sil, +baja]

Dicha representación permite efectuar los cambios segmentales sin alterar los tonos. La adecuación de la fonología autosegmental en el análisis de los procesos tonales, hizo que muy pronto se extendiera a fenómenos como la armonía vocálica, la nasalización, la duración de segmentos, la asimilación y los procesos que involucran segmentos complejos.[4] De tal suerte que en la actualidad, el término autosegmental se refiere al tratamiento de todos aquellos procesos, tonales o no, que son susceptibles de una representación como la siguiente:

[3] El ejemplo proviene del dialecto de Ixmiquilpan, Hidalgo; agradezco al señor Gumercindo Hernández su colaboración.

[4] Entre otros, cabe mencionar a Hyman (1982), Mascaró (1990), y los trabajos que aparecen en Anderson (1980).

(12)

[+nasal]	grada suprasegmental
CVCVCV. . .	grada segmental

La grada segmental está constituida por las unidades portadoras que se asocian con los elementos de la grada suprasegmental. La relación entre las gradas se establece mediante la Condición de Buena Formación de Goldsmith (1976: 207).

1. Cada unidad portadora debe asociarse (al menos) con un autosegmento.
2. Cada autosegmento debe asociarse (al menos) con una unidad portadora.
3. Las líneas de asociación no pueden cruzarse.

El mapeo entre la grada suprasegmental y los segmentos, se lleva a cabo con base en las restricciones que le impongan las lenguas particulares, por ejemplo, que se realice de izquierda a derecha, que haya o no rasgos asociados a sus autosegmentos en las representaciones subyacentes, que tal o cual regla segmental se aplique antes o después del mapeo, etcétera.

Otra de las ventajas teóricas de las representaciones plurilineales, es que con ellas es posible representar de manera precisa la asimetría entre las diferentes unidades lingüísticas que constituyen la palabra. En la práctica fonológica estándar, la organización de las palabras en grupos de morfemas y en grupos de sílabas se reconocía con el uso de varios símbolos, tal es el caso de $ que se utilizaba para indicar la presencia de una sílaba y + en el caso de los lindes morfemáticos (Chomsky y Halle, 1968; Hooper, 1976). De tal suerte que en el par de palabras **nacional** y **alteración**, la división morfema-sílaba se podía señalar como sigue:

(13)

na**$**cio**$**n+al   al**$**te**$**ra**$**+ción

Se puede observar que en **alteración** hay una coincidencia entre linde de morfema y sílaba, mientras que en **nacional** la agrupación de segmentos en sílabas y en morfemas es desigual. Si permitimos que las unidades lingüísticas se representen en gradas separadas, podemos dar cuenta de tales asimetrías (Halle y Clements, 1983: 15). Dichas representaciones tendrían la forma siguiente en la cual las unidades agrupan a sus respectivos segmentos en gradas diferentes (inspiradas en Van der Hulst y Smith, 1985: 8).

(14)

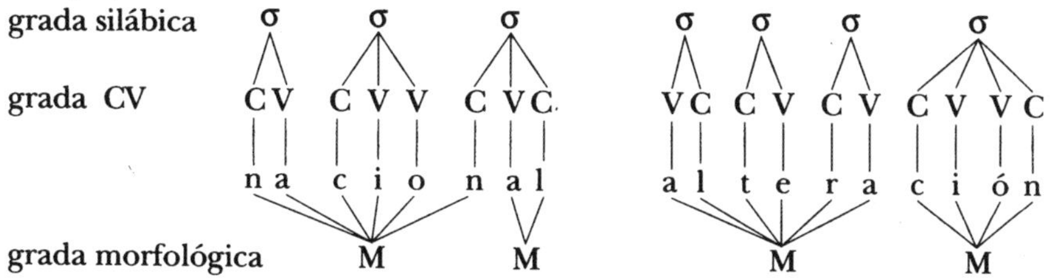

En la representación anterior se ha aludido a la sílaba, unidad cuyo estatus no ha dejado de inquietar a los teóricos.[5] Más allá de intentar aquí una apología, pensamos que no se trata de probar su realidad ontológica, sino de reconocerla de acuerdo con las generalizaciones que permita capturar de los procesos y con base en la existencia de los fenómenos que son sensibles a una agrupación distinta a la morfemática, es decir que requieren, para su explicación, una división en sílabas. De manera general se pueden mencionar dos fenómenos que aluden a la sílaba, éstos son las restricciones en las secuencias fonotácticas y el acento. Este último ha constituido el fundamento básico para el desarrollo de la fonología métrica. En esencia, esta tendencia de la fonología se interesa por la estructura en constituyentes de las representaciones fonológicas. Los estudios iniciales se encuentran en Kahn (1976), Liberman (1977), Liberman y Prince (1977) y más recientemente Kiparsky (1979), Clements y Keyser (1983), Harris (1983) y Selkirk (1982b, 1984), por citar sólo algunos. En ellos se pone de manifiesto que el acento no es una propiedad intrínseca de los segmentos, como se suponía en SPE, sino una propiedad relativa entre varios segmentos, es decir, una sílaba contiene un elemento que es más preponderante que otro(s). Esta característica de prominencia, al no ser intrínseca a los segmentos, requiere una representación suprasegmental que los agrupe en estructuras binarias con sus respectivos nodos etiquetados **F** (=fuerte)/ **D** (=débil), para señalar la dominancia de un elemento sobre otro, como en las siguientes representaciones:

(15)

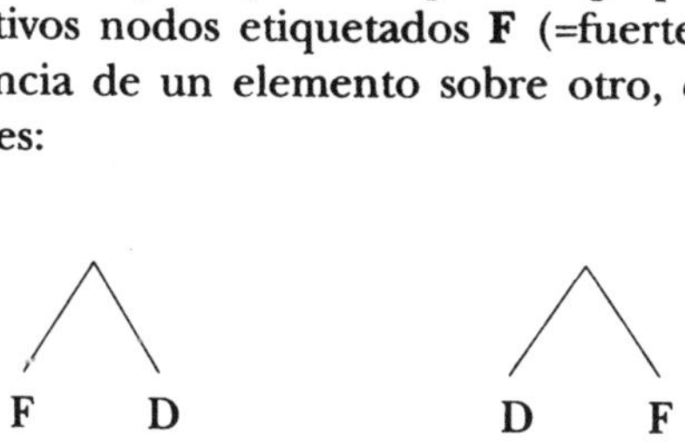

[5] En efecto, las opiniones parecen divididas al respecto. Algunos afirman que no tiene ninguna realidad lingüística (Kohler, 1966); para otros su existencia no está sujeta a discusión (Clements y Keyser, 1983); incluso se ha llegado a afirmar, refiriéndose a ella como Voltaire se refirió a Dios: "si la sílaba no existiera, habría que inventarla" (Pulgram, 1970).

En ellas, el nodo etiquetado **F** es más prominente respecto a su nodo hermano. Así, una lengua con el acento principal, ya sea en la primera, o bien en la última sílaba, requerirá arborescencias ilimitadas, es decir, que sólo involucran una capa arbórea con preponderancia única a la izquierda o a la derecha:

(16)

o bien

(donde el punto substituye a **F**)

Sin embargo, no todas las lenguas presentan esta propiedad acentual; a menudo se observa una alternancia regular entre sílabas con acento primario y acento secundario. Para esas lenguas es menester una capa de arborescencia que agrupe a las sílabas, en la cual se señale la relación de preponderancia entre una sílaba y otra, y una capa adicional superior que traduzca las dependencias entre los grupos de sílabas. A la primera agrupación se le denomina pie, la segunda capa métrica es la de la palabra. En las siguientes representaciones se expresan esas dos capas (Halle y Clements, 1983: 17-18).

(17)

a.

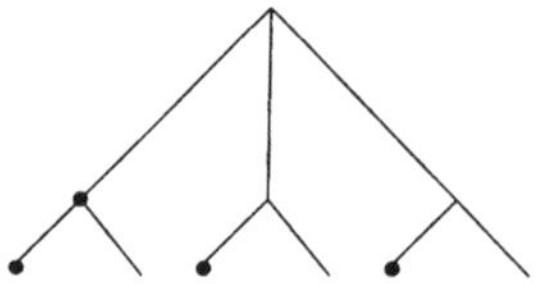

b.

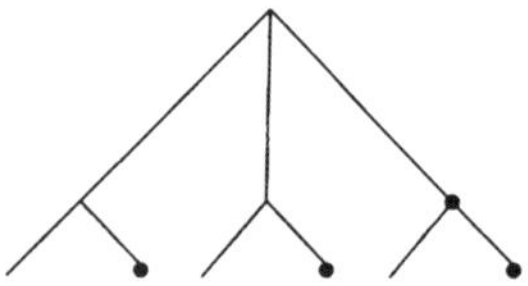

Para Halle y Clements (1983: 20), los pies son binarios y están construidos ya sea de izquierda a derecha, o bien de derecha a izquierda. En *a* y en *b* se trata de árboles limitados; en la representación de *a*, la preponderancia se localiza a la izquierda, y en la de *b*, a la derecha. Estos casos corresponden a las lenguas en las que el acento primario cae en la primera o en la última sílaba y tienen además un acento secundario localizado en las sílabas nones o pares de la palabra. Los elementos terminales de los pies son las sílabas, mientras que los de las palabras son las raíces de los pies. De esta forma, la oposición entre sílaba acentuada y no acentuada se establece como una relación de dependencia en el interior del pie, mientras que la jerarquía entre las sílabas acentuadas en la palabra, corresponde a las relaciones de dependencia entre los grupos de sílabas.

Con el formalismo desarrollado anteriormente, los patrones acentuales de las lenguas sólo requieren mencionar si los árboles son o no limitados, si los pies tienen preponderancia a la izquierda o a la derecha y si la capa de la palabra es o no preponderante a la derecha.

La inclusión de la sílaba en la teoría fonológica ha hecho posible, además, un acercamiento diferente al problema de las restricciones fonotácticas. Cabe recordar que si bien Chomsky y Halle (1968) desarrollaron una teoría fonológica que no incluye a la sílaba, los estudios posteriores de corte generativista —como es el caso de Hooper (1976)— establecen la existencia de procesos sensibles a dicha unidad. Sin embargo, en ellos no se reconoce que la sílaba tenga una estructura jerarquizada. En la línea de investigación de la fonología métrica la sílaba posee una estructura como sigue:[6]

(18)

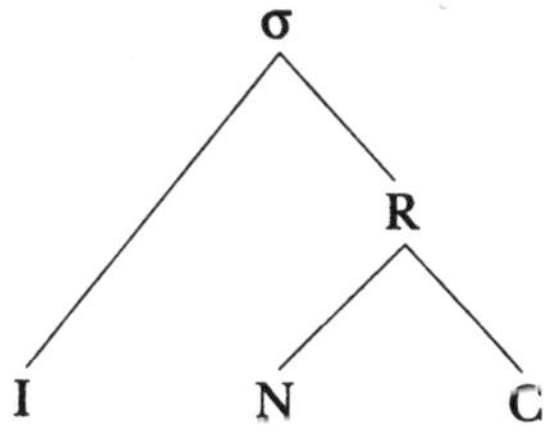

(donde Inicio = I, Rima = R, Núcleo = N y Coda = C)

Esta representación da cuenta, naturalmente, de la distinción entre sílaba libre y sílaba trabada; en esta última, el elemento que ocupa la posición de núcleo y el siguiente, forman juntos la rima. Kiparsky (1979) y Selkirk (1984), han profundizado en esta idea y han llegado, en especial Selkirk, a eliminar el rasgo [+sil] de la teoría fonológica y a proponer una escala de sonoridad, en la cual las clases naturales de segmentos forman un *continuum* sonoro. Con ello, el que un elemento sea o no silábico depende de su posición en una sílaba, abandonando así la idea de que ese rasgo sea una propiedad inherente. Las secuencias fonotácticas se rigen por una escala que va de lo más sonoro en el núcleo, a lo menos sonoro en los márgenes, según se presenta en la escala siguiente:[7]

[6] Esta idea de la sílaba fue explorada en Pike y Pike (1947), en el estudio del mazateco.

[7] La escala está basada en lo que propone Selkirk (1984: 112). Para esta autora, los glides están ausentes en dicha escala; éstos son el resultado de la posición que ocupan, en la

(19)

|———|———|———|———|———|

voc > glide > líq > nas > fric > ocl

Los índices de sonoridad permiten señalar las condiciones que rigen a las posiciones terminales, es decir, a los segmentos que pueden conformar la plantilla silábica (o *template*). La plantilla es una estructura abstracta y binaria que engloba a las sílabas posibles y aceptables en una lengua determinada. Las posiciones terminales se adecuan a una escala de sonoridad que es un universal de la estructura silábica, mismo que impone restricciones de aparición a una secuencia dada (Selkirk, 1984: 113).

En suma, con este breve recorrido, tanto en la fonología autosegmental, como en el enfoque métrico, se pueden apreciar los alcances actuales de la fonología plurilineal. Las representaciones fonológicas han dejado de ser secuencias lineales de rasgos y lindes para convertirse en objetos geométricos, debido a la aceptación de que el tono y el acento son precisamente rasgos suprasegmentales y no propiedades intrínsecas de los segmentos.

Autonomía del componente léxico

Actualmente, en el marco de la teoría generativa, el léxico es un componente autónomo que, a semejanza del sintáctico y el fonológico, está regido por principios propios. El programa general de investigación tiene sus orígenes en las observaciones sobre las nominalizaciones de Chomsky (1970). La evaluación del trabajo de las distintas partes de la gramática, es decir, la base, el léxico y las transformaciones, llevó a Chomsky a simplificar la tarea de las transformaciones y a enriquecer el léxico: "it is to be expected that the enrichment of one component of the grammar will permit simplification of other parts." (Chomsky, 1970: 185). La relación entre el verbo y su respectiva nominalización ya no se expresó con el recurso a las transformaciones, sino mediante reglas léxicas que relacionan las entradas. Hoekstra *et al.*, señalan al respecto:

> The methodological shift from holism [del componente sintáctico] to modularity bore witness to the flexibility of the generative research program: it required the abandonment of a hard core assumption: the dominant role of

---

estructura silábica, las vocales altas correspondientes. Nosotros los hemos incluido en 19 por convenir así para nuestro análisis del zoque.

transformations in relating the underlying level of meaning to the observable level of sounds (1981: 2).

La brecha que se abrió hacia el reconocimiento de un léxico independiente, devino el centro de las expectativas para aquellos que querían expresar en él, las regularidades en los procesos de formación de palabras, con lo cual, además del restablecimiento de la división prechomskiana entre sintaxis y morfología, se perfiló la tendencia lexicalista.

En los trabajos de Halle (1973) y Aronoff (1976) está contenida la idea de que la sintaxis "neither manipulates nor has access to the internal form of words" (Anderson, 1988: 23). Esta hipótesis, tanto en su versión estricta como laxa, dotó al léxico de una autonomía que se traduce en los principios y reglas que lo rigen. En estos textos pioneros, la formalización de las generalizaciones sobre el conocimiento léxico del hablante se expresa mediante un modelo que incluye una lista finita de morfemas y un conjunto de reglas de formación de palabras (RFP), con lo cual se intenta capturar las regularidades en los procesos de afijación. En efecto, todo hablante sabe que en su lengua la adjunción de afijos no es azarosa, en el caso del español: **en+rocar** y no ***rocar+en**, ni ***ro+en+car**; sabe distinguir las palabras posibles y las imposibles: **tlalpan** pero no ***dlato** y reconoce que las palabras tienen una estructura interna: **pies+ecito** y no ***piese+cito**. La tarea de las RFP es pues la de generar las palabras existentes o posibles y evitar las secuencias mal formadas. Para ello se les imponen restricciones de tipo semántico (el prefijo **in-** privativo no se adjunta a bases que conllevan un significado de carencia: ***in+privación**); de tipo sintáctico (que restringen la adjunción de ciertos afijos a ciertas bases y no a otras) y restricciones de tipo fonológico. Además del carácter generativo, las RFP deben describir el orden jerárquico de la estructura de la palabra:

[in[[[condición]al]idad]] y no ***[[[in[condición]]al]idad]**.

Este tipo de restricción se expresa en un marco de subcategorización de los sufijos.[8]

Por otra parte, un paso decisivo para el reconocimiento de la autonomía del léxico fue la importante contribución de Siegel (1974), donde muestra que éste no es un componente amorfo, sino que está estructurado en niveles o estratos. Con base en la morfología del inglés, en SPE se reconoció que en esa lengua hay un grupo de afijos que provocan un cambio

[8] Véase Varela (1990), en el que se expone un interesante desarrollo de la morfología generativa con datos del español.

en el acento de la categoría a la que se adjuntan: **cúrious+ity —> curiósity**, mientras que otros afijos no provocan tal cambio: **cúrious+ness —> cúriousness**. Siegel profundizó en el estudio de esta característica y así, distinguió la clase I con el siguiente grupo: +**ion**, +**ity**, +**ate**, +**ive**, +**ic**, **sub**+, **de**+, **in**+, y la clase II: **#ly**, **#like**, **#full**, **#some**, **#ish**, **#ed**, **#ing**, **#ness**, **re#**, **un#**. La concatenación entre los dos grupos es como sigue: los de la clase I pueden intervenir entre una base y los de la clase II, los de la clase I se pueden combinar entre sí, lo mismo que los de la clase II, pero los de la clase II no pueden intervenir entre la base y los afijos de la clase I ***bounti+full+ity**, frente a **bounti+ful+ness** (*apud* Scalise, 1984). Dadas estas regularidades, Siegel propone que la distinción —marcada en SPE con los lindes + y # respectivamente— se traslade al léxico y se traduzca en estratos específicos, con lo cual los procesos morfológicos de los afijos del grupo uno tendrán lugar en un estrato de la derivación anterior a los del grupo dos.

La relación léxico-componente fonológico

En nuestros días, la teoría mejor articulada para caracterizar la interfase léxico-fonología es sin duda la fonología léxica. Se trata de un modelo que hace suya la afirmación de Siegel (1974) sobre el léxico estructurado en estratos ordenados —en los que tienen lugar las operaciones morfológicas de derivación, composición y flexión— y se centra en la interacción de los procesos de afijación y cambios fonológicos.[9]

Para dar cuenta de los procesos morfológicos, esta perspectiva teórica incorpora las ideas expuestas en Selkirk (1982a) sobre la estructura de la palabra. La importancia de los trabajos de Selkirk reside en la fructífera incorporación que hace de la teoría de X barra en la explicación del tipo de estructura que tiene una palabra compleja —es decir, afijada o compuesta— y el establecimiento de la relación entre las categorías de dicha estructura. Sabemos que en esta teoría, X substituye a cualquier elemento del conjunto de categorías léxicas mayores: adjetivo, nombre, verbo, preposición (= A, N, V, P) y que el número de barras indica el nivel de incrustación de la construcción sintáctica en la cual se encuentra X como núcleo. La palabra, en sí, ostenta la categoría cero ya que es la categoría más baja en la estructura sintáctica; por ello, las categorías léxicas de A, N, V, P, tendrán el símbolo A°, N°, V°, P° (Selkirk, 1982a: 6). La autora extien-

[9] Los principios de la fonología léxica han sido expuestos en Halle y Mohanan (1985), Mohanan (1982, 1986), Kiparsky (1982, 1985), Kaisse y Shaw (1985), y más recientemente en Goldsmith (1990).

de esta noción a la morfología, asignando a los afijos la categoría X^{-1} y los temas y las formas libres X^{o}.

Selkirk reúne en el Diccionario Extendido tanto las formas libres, como los temas y los afijos. El léxico contiene reglas de reescritura libres de contexto; reglas de estructura de palabra y reglas de inserción morfológica. Las reglas de reescritura capturan las regularidades en la formación de palabras. Así, una lengua que forme nombres a partir de otro nombre o de un adjetivo, requerirá una regla de reescritura como la que sigue:

(20)

$$N \longrightarrow \begin{Bmatrix} N \\ A \end{Bmatrix} N$$

en donde se expresa que un nombre se reescribe como un nombre o un adjetivo a la izquierda y un nombre a la derecha.

Las reglas de estructura de palabra definen los procesos de afijación y composición de la siguiente manera:

(21)

a. $X^0 \longrightarrow X^0, X^{-1}$
b. $X^0 \longrightarrow X^{-1}, X^0$
c. $X^0 \longrightarrow X^0, X^0$

Las reglas de *a* y *b* se refieren a la afijación, sufijación y prefijación respectivamente, y *c* define la composición. Con ellas se generan árboles etiquetados del tipo siguiente:

(22)

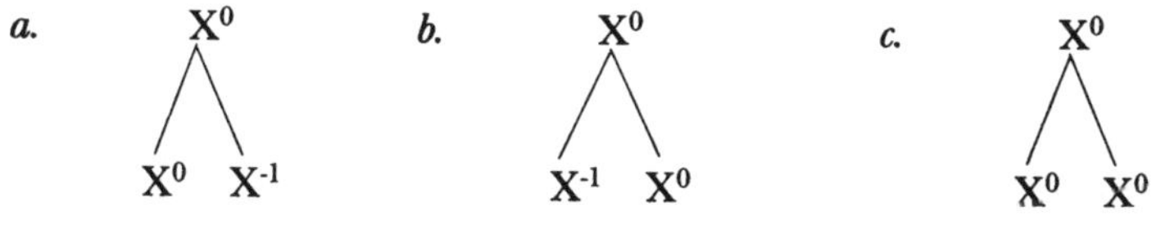

Las reglas de inserción morfológica son las encargadas de completar las estructuras arbóreas con los ítem del Diccionario; éstos poseen sus respectivas entradas morfémicas en las que se señala su categoría; los afijos, a diferencia de las bases, estarán subcategorizados.

De acuerdo a la fonología léxica, las operaciones morfológicas tienen lugar en los distintos estratos que conforman al léxico; se trata de una morfología jerarquizada en estratos ordenados, lo que queda expresado en la hipótesis siguiente: "El léxico consiste en un conjunto de estratos ordenados" (Mohanan, 1986: 79).

La hipótesis anterior tiene un carácter general para las lenguas; por lo tanto, determinar el número de estratos en una lengua particular, es una cuestión empírica que sólo el análisis puede decidir. Se conciben como lugares en el léxico que marcan una etapa en la formación de las palabras. Desde esta perspectiva, el estudio de las lenguas revela que los estratos distinguen el orden de los afijos con base en los procesos de derivación, composición y flexión. Así sucede por ejemplo en el léxico del inglés, para el cual Mohanan (1982, 1986) propone cuatro estratos léxicos, a saber:

derivación 1
derivación 2
composición
flexión

La división refleja que la flexión es periférica a la derivación y a la composición; además, está fundada en el examen de los cambios fonológicos ocasionados en dichos procesos. En efecto, la formación en inglés de [twinklin]$_N$ y [twinkl̩in]$_V$ parece diferenciarse porque en la segunda y no en la primera, hay un proceso en el que [l] se vuelve silábica: [twinklin]$_N$ frente a [twinkl̩in]$_V$ (Mohanan, 1982: 7). Asimismo, la razón de asignar dos estratos para la derivación estriba en las diferencias distribucionales y fonológicas de los afijos. Como ya señalamos en el apartado anterior, los sufijos de la clase II, ni pueden aparecer entre la base y los sufijos de la clase I, ni provocan cambios en el acento.

En resumen, la distinción de un estrato se apoya tanto en la distribución morfológica, como en la evidencia fonológica, y en el mejor de los casos en ambas (Mohanan, 1986: 53).

Ahora bien, el punto de intersección léxico-fonología se logra en virtud de que el componente fonológico contiene las reglas que se aplican en los estratos. En la aplicación léxica actúan en alternancia con las operaciones morfológicas, creando un ir y venir entre los dos componentes. Esta interacción termina una vez que los procesos morfológicos, aunados a sus respectivos cambios fonológicos se han agotado y el resultado, esto es, la palabra, pueda insertarse en una estructura sintáctica (Mohanan, 1986: 146). De lo anterior podemos deducir que si una regla no es sensible a la información interna de la palabra, tendrá al módulo posléxico como dominio de aplicación. Si bien la ausencia de información morfológica indica el dominio de aplicación posléxica, invertir el razonamiento para decir que cuando una regla requiere información morfológica actúa en el léxico, nos lleva a una afirmación válida sólo en parte. Determinar el dominio léxico sólo con base en este criterio excluye la posibilidad de que las reglas fonológicas puedan estar ordenadas. Tomemos, por ejemplo, a **i** y a **j** como dos reglas tales que **i** no requiera información morfológica y **j** alterne con la morfología; si en el léxico **i** debe actuar antes que **j**, entonces, a pesar de que no sea sensible a la información morfológica, deberá actuar en el léxico (Mohanan, 1986: 9)

Por otra parte, el módulo posléxico está organizado en dos grandes bloques: aquél en el cual las reglas fonológicas requieren información sintáctica, llamado submódulo sintáctico; y el que se denomina postsintáctico o de implementación fonética. En el primero de ellos, las reglas fonológicas actúan para dar cuenta de los procesos ocurridos entre palabras, o bien con ítem individuales. Tal es el caso de la geminación de las oclusivas sordas iniciales, reportado en Mohanan (1986: 148) para la lengua malayalam, cuando se trata de verbos y preposiciones. El proceso se produce si les precede el objeto y si éste está en acusativo:

(23)

wati kont		
palo Nom.	*con*	*Con el palo*
kuttiye kkont		
niño Acc.	*con*	*Con el niño*

El submódulo de implementación fonética tiene un interés particular por el objetivo que pretende: acercar el contenido de las representaciones fonéticas con la señal del habla. En él se da cuenta de tres aspectos fundamentales: el grado de los gestos articulatorios; la transición de un gesto a otro y el traslape. El grado de los gestos involucra operaciones como la de mayor o menor sonoridad de un segmento. Un ejemplo ilustrativo en inglés es el de **b** en *abbey*, donde es más sonora que las **b** de *bib*. Respecto a la transición, es bien sabido el desfase que hay entre una representación fonética y la señal del habla. Tomemos el caso de la secuencia de vocales alto-medio contenida en la palabra *diez* [dyes].

(24)

a. representación fonética

i e

+ alto | –alto

b. señal del habla

i e

+alto \ –alto

En *a*, el paso de [+alto] a [–alto] se representa de manera discreta, mientras lo que se intenta en *b* es señalar que hay una transición en el paso de uno a otro. Por último, el traslape articulatorio mostrará por ejemplo que al producirse [en], el velo del paladar se baja antes de que la lengua entre en contacto con el paladar para articular la [n].

(25)

a.

	e	n
nasal	−	+
continuo	+	−

b.

	e	n
nasal	−	+
continuo	+	−

En este sentido, la naturaleza de las representaciones fonéticas no se concibe como operaciones discretas, sino graduales.[10]

La estructura básica del modelo de la fonología léxica que emerge con lo dicho hasta aquí, se puede esquematizar como sigue:

(26)

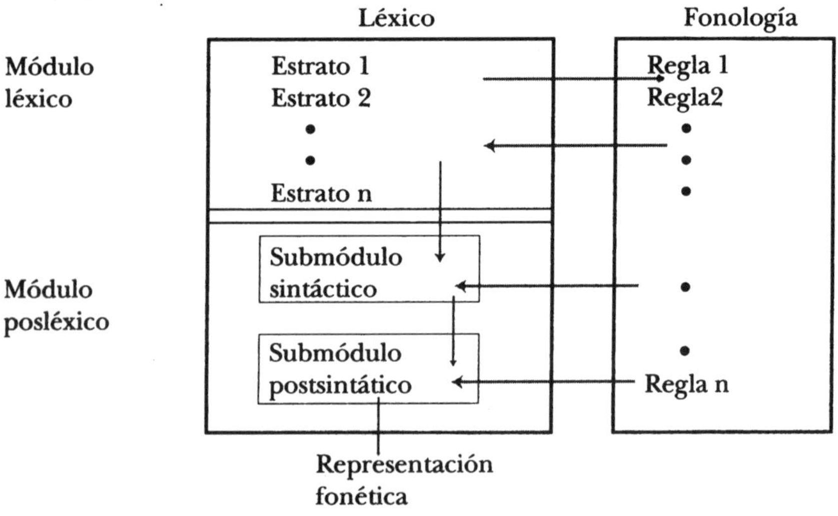

Conviene señalar que si bien la distinción entre los módulos lleva consigo el reconocimiento de procesos distintos, las reglas pertenecen a un componente único e independiente de los estratos y de los módulos, éstos son sus dominios de aplicación.

[10] Nótese que en SPE las representaciones fonéticas, a diferencia de las fonológicas, utilizan valores a lo largo de una escala. Chomsky y Halle (1968: 164) notan al respecto: "A phonetic feature specification consists of a 'phonetic scale'".

Asimismo, si una parte de las reglas actúa en el léxico y otra fuera de él, se concluye sin dificultad que tendremos tres niveles de representación: el **subyacente** que contiene las formas subyacentes de los morfemas y al cual se aplican las reglas del dominio léxico; el nivel **léxico**, resultado de las operaciones léxicas y al mismo tiempo *input* de las operaciones posléxicas y, por último, el nivel **fonético**, producto de las aplicaciones léxicas y posléxicas (Mohanan, 1982: 71). Si consideramos que: "todo nivel de representación es una construcción teórica cuya inclusión en la gramática debe justificarse" (Contreras y Lleó, 1982: 134), resulta válido preguntarse sobre aquello que valida el nivel léxico. El argumento esencial proviene de los diversos tipos de evidencia externa que encuentran respuesta en este nivel. En efecto, ese nivel coincide con los juicios de los hablantes respecto a la semejanza y desemejanza de un segmento en relación con otro; es el *input* de las reglas de los juegos lingüísticos, de los *lapsus linguae* y de la asignación de pausas. De esta manera, la restitución del nivel intermedio a la teoría fonológica permite la incorporación de datos que hasta ahora no han recibido el interés que merecen en la fonología generativa.

Por otra parte, la fonología léxica simplifica y unifica las marcas de las uniones entre los morfemas. Substituye las fronteras + y # de SPE por corchetes para marcar el inicio y el final de las secuencias morfológicas en los procesos de afijación y composición. Además, los corchetes que están presentes en un estrato se eliminan mediante la Convención de Borramiento de Corchete (CBC). Dicha convención tiene dos consecuencias. Por un lado, impide que las fronteras de un determinado estrato sean visibles a las reglas del estrato siguiente:

(27)

[XYZ] [Q]	
[[XYZ][Q]]	Afijación de [Q]
[[XYZ][Q]]	Aplicación de las reglas fonológicas
[XYZQ]	CBC
- -	
[XYZQ] [A]	
[[XYZQ] [A]]	Afijación de [A]
[[XYZQ] [A]]	Aplicación de las reglas fonológicas
[XYZQA]	CBC
- -	
[XYZQA]	

y por el otro, impide que las reglas posléxicas tengan acceso a la información morfológica, como se intenta explicar en el diagrama anterior. En él se aprecia que cuando una forma pasa por un estrato, las diferentes operaciones morfológicas corresponden a los diferentes corchetes.

El borramiento de corchetes al final de cada estrato, traduce una de las nociones con más arraigo en la teoría fonológica: la ciclicidad. Es una condición que regula la aplicación de las reglas fonológicas del módulo léxico. Cada vez que una forma entra a un estrato se produce un ciclo, es decir, se crea una oportunidad para que las reglas fonológicas puedan actuar. La condición del ciclo estricto restringe la aplicación de las reglas fonológicas a los contextos creados por las operaciones morfológicas de cada estrato (Mascaró, 1976, y Goldsmith, 1990).

(28)

[AB] [Z]	
[[AB] [Z]]	Afijación de Z
[ABZ]	CBC

En el ejemplo anterior, una regla fonológica puede actuar sobre el segmento **B**, en el momento de sufijar a [Z], pero no lo podrá hacer después del borramiento de corchetes, ya que **B** es un segmento presente en el ciclo anterior; la regla fonológica no puede cambiar el material a menos de que haya una frontera morfológica.

La ciclicidad es una noción vigente también en el interior de cada estrato. Puede haber estratos cíclicos y estratos no cíclicos. En los primeros las reglas fonológicas pueden aplicarse cada vez que un afijo se adjunte a una base; en ellos, un ciclo se inicia cada vez que se pasa del sistema de reglas fonológicas, al sistema de reglas morfológicas (Mohanan, 1986: 49). Ya tendremos oportunidad de mostrar que en el zoque, la asignación del acento y el proceso de nasalización tienen lugar en estratos no cíclicos.

Para dar una visión más completa de nuestro marco teórico, concluiremos esta primera parte con la presentación de dos puntos teóricos que permiten engarzar la fonología léxica y la teoría fonológica no lineal. Se trata de la teoría de la subespecificación y la condición de preservación de estructura de las reglas fonológicas.

Dicho de manera general, la teoría de la subespecificación está interesada en determinar el grado de especificación de las representaciones fonológicas, es decir, le interesa establecer los criterios para incluir u omitir el valor de tal o cual rasgo, en la representación de un segmento.[11] El pri-

[11] La subespecificación también se conoce como teoría de la marcación; tiene sus orígenes en la Escuela de Praga, fue retomada en SPE y en la actualidad está en plena efervescencia. Sus planteamientos se encuentran en Clements (1987), Steriade (1987), Archangeli (1988), Pulleyblank (1988), Goldsmith (1990), entre otros.

mer principio de la subespecificación es la eliminación de ciertos rasgos de las representaciones subyacentes; ya sea porque es un rasgo redundante (la sonoridad de las vocales en un sistema en el que ésta no es contrastiva), o bien porque se trata del valor no marcado, respecto a una clase de segmentos. Un ejemplo ilustrativo lo proporcionan las vocales del español: {i, e, a, o, u}. Respecto a esta clase de segmentos, el valor no marcado, y por tanto ausente en las representaciones, es el [–] para los rasgos [alto] [posterior] y [bajo].

(29)

	i	e	a	o	u
alto	+				+
posterior				+	+
bajo			+		

Las reglas encargadas de proporcionar los rasgos ausentes, son las reglas de especificación.

(30)

[ ] —> [–alto]
[ ] —> [–posterior]
[ ] —> [–bajo]

Las reglas como las anteriores se leen: "si el valor [alto] no está especificado, especifíquese como [–]".

Si los rasgos redundantes o los valores no marcados de un rasgo están ausentes de las representaciones subyacentes, entonces las reglas del módulo léxico podrán hacer referencia sólo a los rasgos distintivos y a ninguno de los redundantes (Goldsmith, 1990: 243 y ss).

El otro principio de la subespecificación que señala Goldsmith (1990) es la ausencia de un rasgo cuando una regla fonológica lo proporciona. Mencionaremos un conocido ejemplo del zoque. El proceso de sonorización de los segmentos [–continuos], después de nasal, convierte las secuencias {Np, Nt, Nk, N¢, Nč} en {Nb, Nd, Ng, Nž, NJ}. Dado que en la lengua no hay una oposición entre los segmentos [–continuo], respecto a la sonoridad, la especificación [–sonoro] estará ausente en dichos segmentos, es decir, el valor [+] para ese rasgo, será proporcionado mediante una regla fonológica.

La preservación de estructura es una noción relacionada con los tipos de cambios que, en una lengua determinada, pueden efectuar las reglas fonológicas. Kiparsky (1985) establece que las reglas del módulo léxico, y no las del posléxico, son preservadoras de estructura, es decir, no pueden producir un cambio que altere el inventario de segmentos subyacentes. Por el contrario, las reglas del módulo posléxico, al no ser preservadoras de estructura, sí pueden hacerlo. Aclaremos lo anterior con un ejemplo del zoque. En esta lengua, el inventario de segmentos subyacentes excluye a los segmentos [–continuos] y [+sonoros], es decir, al grupo compuesto por: {b, d, g, ž, J}, e incluye a { p, t, k, ', h, s, š, ¢, č, m, n, ñ, ŋ }, así como a las vocales { u, i, ɨ, e, o, a}. La exclusión de las sonoras se basa en su distribución —sólo aparecen después de nasal—, y en el alcance que tiene el fenómeno de sonorización— es un proceso sin excepción, sea cual fuere el linde que separa a la nasal de la consonante—. Lo anterior quiere decir que la regla de sonorización está impedida para actuar en algún estrato del léxico; si lo hiciera, violaría la preservación de estructura creando un nuevo segmento, en el inventario subyacente.

Los planteamientos presentados hasta el momento constituyen la malla teórica de fondo que permitirá iniciar el análisis del zoque; en el estudio de los procesos particulares haremos las puntualizaciones necesarias y profundizaremos ciertos aspectos.

II. FORMACIÓN DE PALABRAS EN ZOQUE

Preliminares

El zoque pertenece a la familia mixe-zoque. La rama mixe incluye al popoluca de Oluta, al de Sayula, ambos en Veracruz, al mixe de Oaxaca y al tapachulteco, actualmente extinto.[1] El zoque por su parte comprende dos lenguas popolucas en Veracruz: la de Texistepec y la de la sierra, y al zoque propiamente dicho, que se extiende en los estados de Oaxaca, Tabasco y Chiapas.[2] Wonderly (1951a) ha establecido para el zoque de Chiapas cuatro variantes dialectales: zoque central, ubicado en Copainalá; zoque del norte, perteneciente a lo que, hasta antes de la erupción del volcán Chichonal (1982), era Francisco León; zoque del noroeste, en el que reúne las variantes de Tapalapa, Ocotepec, Pantepec, San Bartolomé y Chapultenango; zoque del sur, ubicado en Tuxtla Gutiérrez y Ocozocuautla (véase mapa anexo). Los datos del presente estudio provienen de la variante de Chapultenango, la cual corresponde al zoque del noroeste en la clasificación de Wonderly.[3]

Formación de compuestos nominales

Una de las tareas de la fonología léxica, tal como se desprende de nuestro marco teórico es la de determinar la estructura del léxico; por ello, dedicaré este capítulo al estudio morfológico de la lengua. El examen de la estructura de las palabras se hará a la luz de la teoría X barra, cuyas bases fueron

[1] Kaufman (1962) establece, con base en los datos de Lehmann (1920), la relación del tapachulteco con la rama mixe.

[2] Para el zoque de Tabasco, véase García de León (1969).

[3] Para la importancia del zoque en la zona mesoamericana, véase Campbell y Kaufman (1976), Kaufman (1981) y recientemente Kaufman (1993) donde se encuentran los resultados de su investigación sobre el texto de La Mojarra. Para la debatida filiación genética de la familia mixe-zoque, véase McQuown (1942), Wonderly (1953b), Witkowski y Brown (1978, 1979), Witkowski y Brown (1981), Campbell y Kaufman (1980, 1983), Sapir (1929), Freeland (1929) y Greenberg (1987).

esbozadas anteriormente. Dado que el interés de este trabajo no pretende rebasar el ámbito marcado por el propio modelo teórico, es decir, la relación fonología-morfología, no daremos una descripción exhaustiva de la morfología de la lengua. Nos ceñiremos a los procesos de derivación, composición y flexión que son generales en la lengua y en los cuales no interviene la sintaxis.[4]

Por razones de exposición, iniciaré el análisis con la estructura de los compuestos. En zoque, los compuestos resultan de la combinación de dos constituyentes, pertenecientes, cada uno, a la categoría de N, V o A; el resultado de esa conjunción es un compuesto de la categoría de N, V, A.

Un compuesto nominal se forma con un N o un A antecediendo a un nombre. Veamos los datos.[5]

(1) CATEGORÍAS LÉXICAS

	N	N	N
a.	[¢inu]	[pɨndɨn]	[¢inupɨndɨn]
	'miel'	'insecto'	'abeja'
b.	[kana]	[nɨ']	[kananɨ']
	'sal'	'agua'	'mar'
c.	[¢ama]	[yoya]	[¢amayoya]
	'monte'	'cerdo'	'jabalí'
d.	[nahs]	[o'na]	[nahso'na]
	'tierra'	'nube'	'neblina'
e.	[tu'¢]	[ma¢a]	[tu'¢ma¢a]
	'cola'	'estrella'	'cometa'
f.	[[eh¢]	[e]] [[ko] [wina]]	[eh¢ekowina]
	'bailar'	nom mod 'inicio'	'jefe de los bailadores'
g.	[tɨh¢]	[toya]	[tɨh¢toya]
	'muela'	'dolor'	'dolor de muela'

Lo anterior es un ejemplo representativo de compuestos nominales en zoque, formados por dos nombres; los casos de *a-g* indican que dos constituyentes se yuxtaponen para formar un tercero, cuyo significado es trans-

[4] En particular, no atenderemos ampliamente la morfología del nombre; la razón principal es que en ella interviene la sintaxis: el sufijo **-ɨs** es la marca de ergatividad en la lengua, señala el sujeto de verbos transitivos y el poseedor. Así, en **te' pɨnɨs**, *el hombre,* indica el sujeto de verbos transitivos, como en **te' pɨnɨs wi'ku**, *el hombre comió,* frente a **te' pɨt poyu**, *el hombre huyó,* y señala el poseedor como en **te' pɨnɨs tɨwi**, *el perro del hombre.*

[5] En esta parte del trabajo, salvo las aclaraciones que se hacen en el texto, hemos omitido en los datos los procesos fonológicos de la lengua. Esta omisión permitirá una exposición más clara de los problemas.

parente. Desde el punto de vista morfológico, la formación de *f* es un caso de nombres que han sufrido un proceso de derivación; en efecto, [**ehȼe**] está formado del tema verbal **ehȼ-**, *bailar*, más una vocal nominalizadora; **kowina** por su parte, es una forma prefijada con **ko-**, utilizado para referirse a las partes de la cabeza y **wina**, *inicio*, que juntos forman *jefe*. Con esta observación diremos simplemente que en el zoque hay una relación estrecha entre derivación y composición, en la medida en que la primera alimenta a la segunda. En términos de estratos, diremos que hay uno de ellos para la composición en el cual los formativos ya pueden haber sido derivados, en un estrato anterior.[6]

Regresemos a los datos, para señalar que en zoque los compuestos nominales de 1 son construcciones endocéntricas y por ello es conveniente discutir la noción de cabeza. Siguiendo a Selkirk (1982a: 22), aceptamos que "en los compuestos endocéntricos [. . .] la clase de elementos denotada por el compuesto es un subconjunto de la clase de elementos que se denotaría solamente por la cabeza del nombre".

En 1, la palabra resultante está relacionada más con el nombre de la derecha que con el de la izquierda: [**ehȼekowina**] designa a un tipo de **kowina** no a un tipo de *baile*; **ȼamayoya** es un tipo de *puerco*, no de *monte*; **ȼinupindin** no es un tipo de *miel*, sino un *insecto*, etcétera.

Frente a este tipo de compuestos endocéntricos, que son los más comunes en la lengua zoque, encontramos dos ejemplos en los cuales, según el criterio semántico, ninguno de los constituyentes reemplaza a la cabeza.

(2)

a.	[ȼa']	[tuh]	[ȼa'tuh]
	'piedra'	'lluvia'	'granizo'
b.	[koke]	[tumin]	[koketumin]
	'pescado'	'dinero'	'escama'

En efecto, en 2*a*, *granizo* no es ni un tipo de piedra ni un tipo de lluvia, sino una forma de llover; para el caso de 2*b*, ni *pescado* ni *dinero* pueden reemplazar a *escamas*; el compuesto, al parecer, está formado por la similitud en la forma y quizá por el brillo con el tomin, moneda de la época colonial. Estos ejemplos muestran que un criterio puramente semántico, como el utilizado anteriormente, no basta para distinguir en núcleo. Veamos el otro tipo de compuesto nominal, para introducir un criterio estructural.

[6] En el apartado sobre composición y derivación mostraremos que los compuestos pueden recibir posteriormente sufijos derivativos.

La categoría léxica A puede entrar en composición con un N y de ello resulta un N, como queda ejemplificado en 3.

(3) CATEGORÍAS LÉXICAS

	A	N	N
a.	[popo]	[sɨk]	[poposɨk]
	'blanco'	'frijol'	'alubia'
b.	[¢ame]	[pɨt]	[¢amepɨt]
	'viejo'	'hombre'	'señor'
c.	[yawa]	[pahsu]	[yawapahsu]
	'tierno'	'calabaza'	'calabacita'
d.	[ho'ma]	[pahsu]	[ho'mapahsu]
	'gris'	'calabaza'	'calabaza de Castilla'
e.	[nama]	[tuh]	[namatuh]
	'chico'	'lluvia'	'llovizna'
	menudo'		

Retomando la definición estructural de Selkirk (1982a: 20), diremos que:

(4)
En la configuración interna de la palabra

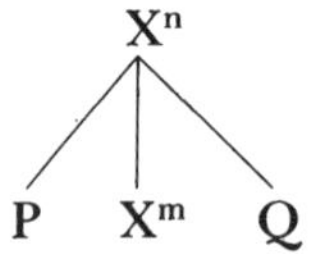

donde X representa un complejo de rasgos sintácticos y donde Q no contiene ninguna categoría con los rasgos X, X^m es la cabeza de X^n.

Esta definición es más amplia ya que la cabeza será la categoría que esté más a la derecha de X^n y que tenga el mismo complejo de rasgos que X.[7] Así, tanto el tipo de compuestos problemáticos de 2, como las construcciones de 3, tendrán la cabeza en el constituyente de la derecha.

Según como está expresada, la configuración de 4 indica que, en los datos de 3, el constituyente de la derecha es el que comparte los mismos rasgos que el nodo superior, lo que se expresa en la configuración de 5.

[7] Esta regla es una reformulación que hace Selkirk a la regla de Williams (1981) para el inglés.

(5)

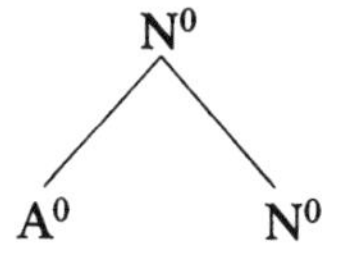

Podemos describir conjuntamente los dos tipos de compuestos nominales con una regla como la de 6.

(6)

$$N \longrightarrow \begin{Bmatrix} N \\ A \end{Bmatrix} N$$

La regla morfológica de composición del apartado sobre "La relación léxico-componente fonológico", repetida en 7, genera estructuras como la de 8.

(7)

$$X^0 \longrightarrow X^0, X^0$$

(8)

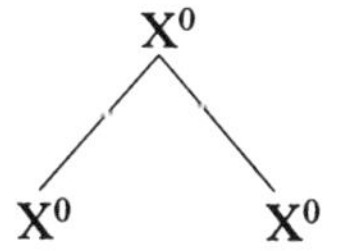

Al efectuar la inserción léxica, se completan como en 9.

(9)

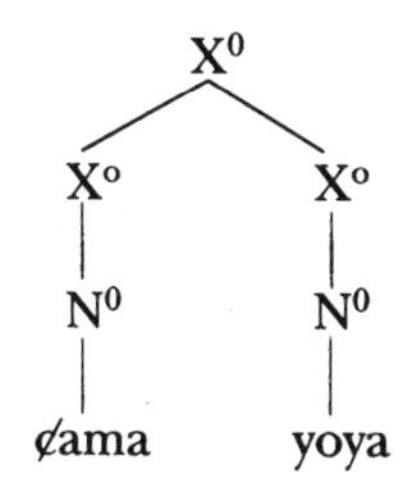

La noción de cabeza es esencial para describir la distribución de rasgos en todo proceso morfológico. Para ello, Lieber (1981: 49 y ss) ha propuesto una serie de condiciones de buena formación, conocidas como filtrado de rasgos (o *percolation*):

Convención I: all features of a stem morpheme including category features percolate to the first non-branching node dominating that morpheme.

Convención II: all features of an affix morpheme including category features percolate to the first branching node dominating that morpheme.

Convención III: If a branching node fails to obtain features by Convention II, features from the next lowest labeled node are automatically percolated up to the unlabeled branching node.

Convención IV: In compound words, features from the righthand stem percolate up to the branching node dominating the stem.

Lieber (1981: 54) señala que las convenciones de I a III operan en la formación de palabras en todas las lenguas, mientras que la convención de IV no tiene un carácter universal. Es válida en lenguas que como el zoque tienen compuestos y su núcleo se ubica del lado derecho. Como intentan mostrarlo las flechas del diagrama de 10, el filtrado de rasgos se hace según la convención I y IV.

(10)

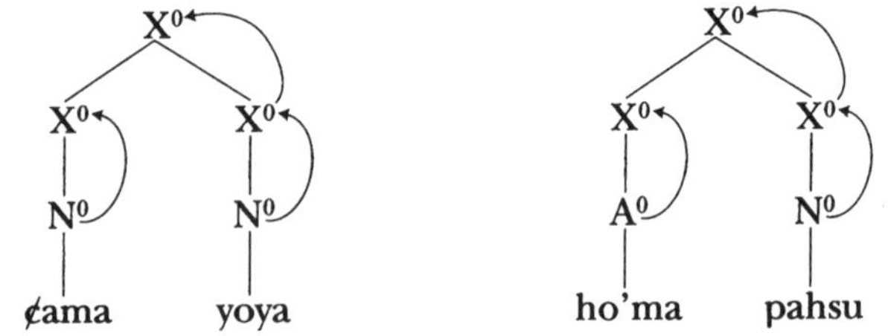

Una vez efectuado el filtrado de rasgos se obtienen las configuraciones de 11.

(11)

Representadas mediante corchetes, las formaciones de 11 equivalen a las siguientes: $[[\text{¢ama}]_N [\text{yoya}]_N]_N$ y $[[\text{ho'ma}]_A[\text{pahsu}]_N]_N$.

Formación de compuestos verbales

En la lengua zoque, las categorías léxicas que pueden entrar en la composición de un verbo son A, N, y V. La regla que describe estas regularidades es como sigue:

(12)

$$V \longrightarrow \begin{Bmatrix} A \\ N \\ V \end{Bmatrix} V$$

Los datos siguientes muestran el tipo de compuesto verbal con cada una de estas categorías.

(13)

CATEGORÍAS LÉXICAS

	A	V	V
a.	[suñi] 'bonito'	[kips-] 'pensar'	[suñikips-] 'pensar acertadamente'
b.	[howi] 'loco'	[¢ɨhk-] 'hacer'	[howi¢ɨhk-] 'hacer (algo) sin reflexionar'
c.	[howi] 'loco desatinado'	[kips-] 'pensar'	[howikips-] 'pensar a la ligera'

(14)

CATEGORÍAS LÉXICAS

	N		V	V
a.	[ka'] 'morir enfermedad'	[kuy] nom	[pa't-] 'encontrar'	[ka'kuypa't-] 'enfermarse'
b.	[nahs] 'tierra'		[tah-] 'picar/remover'	[nahstah-] 'arar'
c.	[nɨ'] 'agua'		[pɨhk-] 'agarrar'	[nɨ'pɨhk-] 'acarrear agua'

(15)

CATEGORÍAS LÉXICAS

	V	V	V
a.	[ihs-] 'ver'	[pɨhk-] 'agarrar'	[ihspɨhk-] 'reconocer'
b.	[¢ɨhk-] 'hacer'	[na'¢-] 'tener miedo'	[¢ɨhkna'¢-] 'asustar'
c.	[¢am-] 'cargar en la espalda'	[puht] 'salir'	[¢ampuht-] 'acarrear'
d.	[ke't-] 'mirar'	[wit-] 'voltear la cabeza'	[ke'twit-] 'voltear a ver'

En los compuestos de la forma: V —> $\begin{Bmatrix} A \\ N \end{Bmatrix}$ V, el elemento de la izquierda debe ser una forma libre, mientras que el verbo de la derecha es un tema desprovisto de los morfemas flexivos. En su mayor parte, la lengua exhibe temas verbales del tipo CVC_1[3], a los que se les pueden añadir los sufijos de modo y aspecto, pero a los que, necesariamente, se les sufijará **-u** o **-pa**. Esto quiere decir que si un verbo sale del léxico, mínimamente debe tener un sufijo temporal, que puede ser **-pa** para indicar [–pasado], o bien **-u** para señalar [+pasado]. Cuando tratemos la flexión daremos cuenta de tal característica. En consecuencia, las reglas morfológicas de los compuestos de los ejemplos 13, 14 y 15 producen ítem que sólo serán secuencias morfológicas aceptables si tienen cualesquiera de los sufijos temporales (verbigracia **suñikipsu**, *pensó acertadamente*; **nɨ'pahkpa**, *acarrea agua*). Lo anterior supone que la sufijación de **-u** y de **-pa** tendrá lugar en un estrato posterior al de la composición.

De manera general, las características de los compuestos verbales, y en particular los del tipo V —> V V, repercuten en la formulación de la regla morfológica de los compuestos, repetida en 16.

(16)

$$X^0 \longrightarrow X^0, X^0$$

Tal y como está expresada, una categoría X^0 resulta de la reunión de dos formas libres, lo que parece correcto para la composición de nombres y los adjetivos que trataremos posteriormente. Es parcialmente correcta para V —> N V pues el constituyente de la izquierda es una palabra sin estructura interna, pero resulta poco adecuada para V —> V V. Frente a este estado de cosas, optamos por considerar como V^0 a los temas verbales del zoque, con lo cual haremos la distinción necesaria entre una forma ligada, y los afijos propiamente dichos. En esta medida, el resultado de la composición será una categoría X^0; la regla de composición dará cuenta de la estructura que resulta de:

(17)

$$V \longrightarrow \left\{ \begin{matrix} N \\ A \\ V \end{matrix} \right\} V$$

Los compuestos verbales, de acuerdo con la formulación de 4, son construcciones endocéntricas, ya que tienen un núcleo y éste se encuentra a la derecha. Los casos de A V y N V tienen la peculiaridad de ser combinaciones del tipo Complemento + Cabeza, y en los de V —> V V, se yuxtaponen dos temas verbales.[8] La aplicación de las reglas morfológicas, la inserción léxica y el filtrado, darán como resultado las construcciones de 18 y 19.

(18)

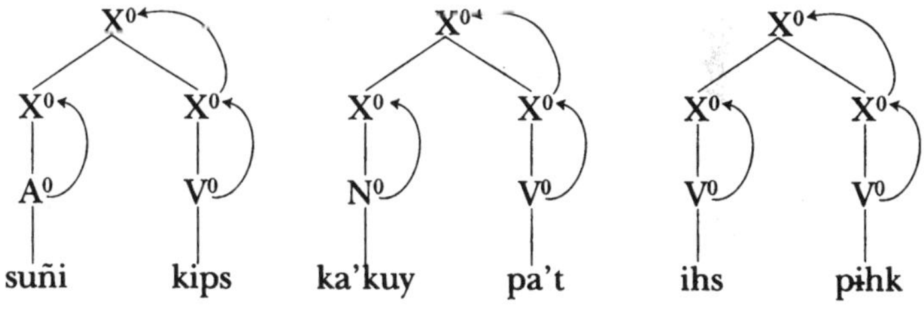

(19)

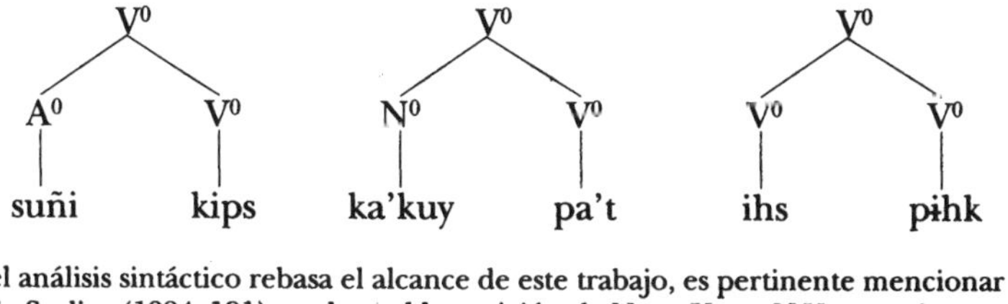

[8] Aunque el análisis sintáctico rebasa el alcance de este trabajo, es pertinente mencionar la observación de Scalise (1984: 191), en la cual la posición de N, en V —> N V, es un importante indicio sobre el tipo de orden básico en las lenguas. Una investigación de ello en el zoque, quizá descubriría que la lengua posee el orden OV. En el trabajo de Campbell, Kaufman y Smith-Stark (1986: 547-548), se define Mesoamérica como una área lingüística, con base en la existencia compartida de ciertos rasgos, entre ellos el orden básico. Los autores postulan que las lenguas del área no tienen un orden de verbo final. Sin embargo, se detienen para

FORMACIÓN DE COMPUESTOS ADJETIVOS

Pocos son los compuestos adjetivales que se pueden encontrar en el zoque; no parecen ser una formación común en la lengua. Hasta ahora, los datos recogidos indican que un A se forma mediante la reunión de un A que actúa como especificador, y otro A que funje como núcleo del compuesto. He aquí algunos datos.

(20)

CATEGORÍAS LÉXICAS

	A	A	A
a.	[yawa]	[pu'či]	[yawapu'či]
	'tierno'	'amarillo'	'amarillo claro'
b.	[yihk]	[¢uhči]	[yihk¢uhči]
	'negro'	'verde'	'verde obscuro'

En los compuestos de 20, según el criterio categorial tanto A_1, como A_2 pueden reemplazar a la categoría léxica superior. Estas formaciones parecen tener un parecido con los N —> A N, y con los V —> A V, pues así como en estas últimas, el A funciona como un especificador de N y de V, así también [**yawapu'či**] dice que el color es amarillo, pero claro. Siguiendo el criterio estructural de la regla de 4, se puede identificar al constituyente de la derecha como el núcleo de la construcción.

En el análisis de la formación de compuestos, se ha destacado que los compuestos pueden involucrar palabras previamente derivadas, o que necesariamente deben recibir algún sufijo. Así lo hemos visto en los compuestos nominales del tipo N —> N N, para el primer caso, y para el segundo, en las formaciones verbales con la categoría V del lado derecho. En la determinación de estratos, esta característica plantea la necesidad de que el estrato de la composición esté, por así decirlo, "ensandwichado" entre uno anterior en el que se efectúe la derivación de nombres, y otro posterior que complete las estructuras de los verbos.

LA AFIJACIÓN EN EL ZOQUE

La afijación es el mecanismo mediante el cual se logra la flexión y la derivación; junto con el proceso de composición permite formar, o mejor

discutir las lenguas mixe-zoque dado que poseen entre sus construcciones algunas como las de adjetivo + nombre que son típicas de las lenguas con verbo final. Discuten la posibilidad de que por influencia de las lenguas mayas hayan devenido lenguas con orden VOS.

dicho, construir las palabras en las lenguas, pero a diferencia de ésta, la afijación lo hace mediante bases y afijos. Si bien esta semejanza formal entre flexión y derivación justifica la utilización de un solo término, esto no quiere decir que sean procesos de la misma índole, ni en el zoque ni en cualquier otra lengua. Sin embargo, estamos frente a una distinción escurridiza que no se deja asir tan fácilmente. En la tradición lingüística, no ha faltado interés por establecer sus límites; las obras de Bloomfield (1933), Greenberg (1963), Matthews (1974), Scalise (1984), Anderson (1985), Aronoff (1989), Varela (1990) y Spencer (1991), podrían formar parte de una lista mayor de autores que intentan delimitar los dos procesos. Establecer sus límites ha sido una preocupación presente en la lingüística, más allá de cualquier orientación teórica. Es una distinción que, aunque parece necesaria, asecha cualquier intento y sólo espera ser formulada para revelarse insuficiente. El problema reside, como lo señala Anderson (1985: 162), en que no se puede hacer aludiendo a las categorías gramaticales involucradas, pues una categoría que es flexiva en una lengua, en otra puede ser derivativa.[9] Siguiendo a Anderson, tampoco es posible hacerla con base en las operaciones de prefijación *versus* sufijación, en relación directa con derivación *versus* flexión o viceversa; ni mucho menos con base en los cambios fonológicos que pudieran provocar los dos tipos de afijos.

Para el zoque, de manera particular, estos dos criterios resultan desalentadores. Tomemos la categoría de tiempo y la formación de nombres:

(1)

a.	[ki'm]	[u]	—>	ki'mu
	'subir'	tpo		'subió'
	[peht]	[pa]	—>	pehtpa
	'barrer'	tpo		'barre'
b.	[wan]	[V]	—>	wane
	'cantar'	nom		'canción'
	[ki'm]	[V]	—>	ki'mi
	'subir'	nom		'subida'

Tanto en *a*, como en *b*, la marca del tiempo y la nominalización se efectúan con sufijos.

[9] Anderson (1985: 162-163) compara la categoría de diminutivo en la lengua fula y en el alemán. En la primera, la clase de sufijos diminutivos está integrada al sistema flexivo ya que se marca igual que el singular y el plural, mientras que en alemán, los sufijos **-chen** y **-lein**, se agregan a las bases de manera idiosincrásica.

Asimismo, el cambio fonológico que sufre la nominalización, también se aprecia en la categoría de tiempo, en particular, en el futuro:

(2)

a.	[huhk]	[V]	—>	huhki
	'fumar'	nom		'cigarro'
	[ehȼ]	[V]	—>	ehȼe
	'bailar'	nom		'baile'
b.	[min]	[V]	—>	mini
	'venir'	fut		'va a venir'
	[poy]	[V]	—>	poye
	'corre'	fut		'va a correr'

En efecto, en los dos casos anteriores, los sufijos respectivos presentan la misma alternancia i/e. Sin embargo, a pesar de estas características no podríamos concluir que el tiempo y la formación de nombres corresponden a procesos de la misma índole.

Hay, sin embargo, criterios más prometedores. Uno de ellos se refiere a la productividad, a la libertad de los afijos flexivos para adjuntarse a una determinada clase, frente a la restricción o idiosincrasia de los afijos derivativos. (Scalise, 1984, Anderson, 1985, Spencer, 1991). En zoque por ejemplo, el sufijo **-tam**, que marca el plural, puede adjuntarse a cualquier base de la clase de los nombres, así como **-u** y **-pa**, sufijos temporales, pueden hacerlo con cualquier base verbal.[10]

(3)

a.	[tɨhk]	[tam]	—>	tɨhktam
	'casa'	pl		'casas'
	[so'k]	[tam]	—>	so'ktam
	'zacate'	pl		'zacates'
b.	[ki'ps]	[pa]	—>	ki'pspa
	'pensar'	tpo		'piensa'
	[a'm]	[u]	—>	a'mu
	'mirar'	tpo		'miró'

[10] Aunque es correcta para el zoque, esta afirmación no está exenta de problemas en otras lenguas. En español por ejemplo, el sufijo del plural no tiene una libertad total, hay ciertas palabras que no lo permiten: *síntesis, tesis, análisis.* También en español, las formaciones del tipo *manzana:manzano, almendra:almendro,* son procesos derivativos que emplean morfemas flexivos como es el de género (véase Varela, 1990: 71).

Frente a la libertad de estos tres sufijos, en zoque, la formación de nombres se puede efectuar mediante varios sufijos; entre ellos, **-kuy** y **-tɨhk**, cada uno con un significado propio y que, por decirlo de alguna manera, "compiten" en la formación de nombres.

(4)

[woh]	[kuy]	—>	wohkuy
'ladrar'	nom		'ladrido'
[nu's]	[tɨhk]	—>	nu'stɨhk
'cubrir'	nom		'cobija'

En este sentido, la derivación es más idiosincrásica, pues aunque los dos sufijos forman nombres, no lo hacen con las mismas bases, ni agregan el mismo significado.

Un criterio adicional es el que presenta Greenberg (1963), en particular con el universal número 28, según el cual la flexión es periférica a la derivación.[11] En zoque, esto parece confirmarse tomando el ejemplo de **nu's-** *cubrir*, en la construcción del término *cobijas*, el orden será derivación flexión: [nu's]$_{v}$ [tɨhk]$_{der}$ [tam]$_{flex}$ y no flexión derivación: *[nu's]$_{v}$ [tam]$_{flex}$ [tɨhk]$_{der}$.

Entre los criterios recurrentes para establecer esta distinción, encontramos el que se basa en el análisis de los efectos que produce una y otra operación. La derivación es un proceso eminentemente creador de nuevas palabras, pues se caracteriza por cambiar la categoría y/o el significado conceptual de la base (Matthews, 1974; Scalise, 1984; Aronoff, 1989 y Varela, 1990), mientras que la flexión no forma una palabra nueva, simplemente marca una subclase de palabras ya existentes; no es una propiedad del léxico, sino de la gramática misma. Así, en zoque hay ciertos sufijos como **-ah**, con el significado de "tener lo que dice el nombre", que producen un cambio en la categoría de sus bases.

(5)

[[toya]$_{N}$	[ah]]$_{V}$	[u]	—>	toyaahu
'dolor'	vbz	tpo		'tuvo dolor'

Frente a este cambio de categoría de los sufijos, los prefijos tienen un comportamiento especial, pues aunque se perciban como procesos derivativos, no cambian la categoría de sus bases.

[11] Cabe señalar que este criterio tiene problemas en una lengua como el español, en la cual las formaciones con **-mente**, proceso derivativo, toma como base a adjetivos flexionados, es decir, en femenino, así tenemos *sabiamente* y no **sabiomente*, ni **sabimente*.

(6)

[aŋ]	$[sihs]_N$	—>	$[aŋsihs]_N$
mod	'carne'		'labio'
[aŋ]	$[naka]_N$	—>	$[aŋnaka]_N$
mod	'piel'		'boca'

Sin embargo, aunque **aŋ**- se prefija a nombres y el resultado es un nombre, se trata de una nueva palabra con restricciones particulares.

Por último, diremos que la distinción entre flexión y derivación podría establecerse no de manera discreta, sino con base en un *continuum* que va de lo netamente derivativo —como lo sería la operación que produce un cambio en la categoría y/o en el significado—, pasa por zonas nebulosas —identificables de manera particular en las lenguas— y termina en los casos de clara flexión —como lo serían las categorías de número para los nombres y de tiempo/persona/número/aspecto/modo/voz, para los verbos—. En el zoque, esta zona nebulosa estaría representada por el prefijo causativo **yahk**-, que es tan productivo que potencialmente puede prefijarse a cualquier base verbal, ya sea ésta transitiva o intransitiva:

(7)

[yahk]	[ka']	[u]	—>	yahka'u
caus	'morir'	tpo		'lo hizo morir/mató'
[yahk]	[wiht]	[u]	—>	yahkwihtu
caus	'caminar'	tpo		'lo hizo caminar'
[yahk]	[wi'k]	[u]	—>	yahkwi'ku
caus	'comer'	tpo		'lo hizo comer/le dio de comer'

Los ejemplos anteriores nos podrían llevar a pensar que se trata de un proceso flexivo, que no está restringido por la valencia de sus bases. Sin embargo, la duda surge cuando observamos dos cosas: los verbos resultantes siempre son transitivos, o dicho en palabras de Comrie (1985: 330-331), el causativo implica más de un actante en relación con el no causativo, en el cual el causante aparece como sujeto del verbo y el "causado" como objeto directo. Así se aprecia en las siguientes construcciones zoques:

(8)

a.	Juan	ka'u
	'Juan	murió'

b.	Juan	is	yahka'u	Pedro
	'Juan'	sujeto	'hizo morir'	'(a) Pedro'
c.	Juan	is	wi'k- u	te' punu
	'Juan'	sujeto	'comió' tpo	'el pescado'

El sufijo **-is** de los ejemplos *b* y *c*, es la marca de sujeto de los verbos transitivos; no se presenta en verbos intransitivos, como se muestra en *a.* Se podría decir que el cambio de valencia es inherente en tales formaciones. Sin embargo, también se podría decir que **ka'u**, *murió* y **yahka'u**, *hacer morir*, no tienen las mismas restricciones de subcategorización, es decir, **yahka'u** aparece en una construcción ____ [OD], mientras que **ka'u** no lo hace.

Frente a la libertad de adjunción que tiene **yahk-**, el cambio de valencia que produce en los verbos nos hace pensar que se trata de un proceso derivativo y no flexivo.

Ahora bien, con base en los criterios anteriores, el análisis del zoque se presenta en dos partes: *a*) procesos derivativos y *b*) flexión verbal. En la derivación se mostrarán los mecanismos de la lengua para formar palabras, asimismo se hablará del tipo de información que requieren los afijos en las entradas léxicas y del tipo de reglas, y se discutirán los casos conflictivos, en los cuales un sufijo se adjunta a bases diferentes. Posteriormente, se presentarán las categorías verbales del zoque, se hablará del orden de los afijos entre sí y se mostrará que en la lengua hay tres sufijos que separan a los demás en dos grupos.

Derivación

En zoque existen procesos derivativos tanto prefijales como sufijales. Veamos el primer caso con los siguientes prefijos.

(1)

ko-
ko'-
aŋ-
yahk-

El prefijo **ko-** dota a las bases del significado de no auténtico, no propio, o de bastardía. Se prefija tanto a bases nominales como verbales y de la conjunción resulta respectivamente un nombre y un verbo.

(2)

Nombres		Verbos		
[ko]	[muki]	[ko]	[wi'k]	[u]
ajen	hermano pequeño	ajen	comer	tpo
'medio hermano pequeño'		'comió en casa ajena'		
[ko]	[haya]	[ko]	[yohs]	[u]
ajen	esposo	ajen	trabajar	tpo
'amante'		'trabajó en lo ajeno'		
[ko]	[a¢i]	[ko]	[ka¢]	[u]
ajen	hermana	ajen	moler caña	tpo
'media hermana'		'molió caña por paga'		

Por su parte, el prefijo **ko'**- (que se encuentra en **ko'pahk**, *cabeza*, palabra formada por dicho prefijo y **pahk**, *hueso)*, forma, de manera extensiva, nombres relacionados con la cabeza o adjetivos que señalan sus atributos. Tiene como marco de adjunción a nombres y a adjetivos.

(3)

Nombres		Adjetivos	
[ko']	[wina]	[ko']	[¢apas]
mod	inicio	mod	rojo
'jefe'		'pelirrojo'	
[ko']	[toya]	[ko']	[popo]
mod	dolor	mod	blanco
'dolor de cabeza'		'canoso'	
[ko']	[¢unu]	[ko']	[taksi]
mod	bolsa	mod	liso
'gorra'		'pelón'	

aŋ- (prefijo que se encuentra en **aŋnaka**, *boca*, en donde **naka**, es *piel)*, se especializa en formar nombres relacionados con esa parte de la cara. Las categorías léxicas de base sólo son nombres.

(4)

[aŋ]	[nɨ']
mod	agua
'baba'	

[aŋ]	[sihs]
mod	carne
'labio'	

[aŋ]	[wahy]
mod	pelo
'barba'	

Por último, el prefijo **yahk**- que como vimos, forma los verbos causativos.

(5)

[yahk]	[mit]	[u]
caus	venir	tpo
'lo trajo'		
[yahk]	[ka']	[u]
caus	morir	tpo
'lo mató'		
[yahk]	[puht]	[u]
caus	salir	tpo
'lo hizo salir/lo sacó'		

Las formaciones de 1 a 5 muestran que sólo **aŋ**- y **yahk**- se adjuntan a bases específicas: el primero lo hace con nombres y el otro con verbos; los demás prefijos tienen mayor libertad para adjuntarse a bases distintas. Lo importante en todas estas operaciones de prefijación es que ninguno de los prefijos cambia la categoría del ítem al que se adjunta.

Podemos capturar algunas generalizaciones recurriendo a los rasgos [N] y [V], propuestos en Chomsky (1970), mediante los cuales es posible reunir categorías léxicas que sirven de base a estos prefijos. Según esta notación los nombres (=N), verbos (=V) y adjetivos (=A), quedarán caracterizados como sigue:

(6)

N = [+N]	A = [+N]	V = [−N]
[−V]	[+V]	[+V]

Con ello la libertad del prefijo **ko'**- es sólo aparente, pues sus bases se caracterizan con el rasgo [+N], que incluye tanto a nombres como a adjetivos. Esta información forma parte de la subcategorización del prefijo, como se muestra enseguida.

(7)

ko' : ___ [+N]

Las bases nominales y adjetivas llevarán su entrada léxica correspondiente.

(8)

wina [+N, −V]
taksi [+N, +V]

El sistema de reglas propuesto, generará la estructura de 9, antes de la inserción léxica y la de 10 será el resultado de la inserción léxica y el filtrado de rasgos.

(9)

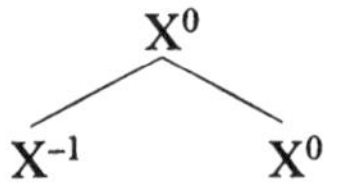

(10)

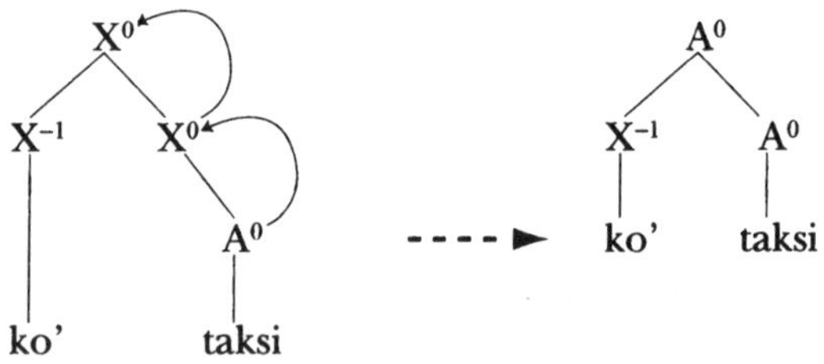

El filtrado de rasgos en las derivaciones anteriores se efectúa con base en la convención III de Lieber.

Veamos ahora las entradas morfémicas de los restantes prefijos, reunidas en 11.

(11)

a. aŋ : X^{-1}, —— [+N, −V]
yahk: X^{-1}, —— [+V, −N]

Si bien este formalismo permite caracterizar las entradas léxicas, como se muestra en 11, no puede hacerlo con el prefijo **ko-**. En la medida en que se subcategoriza tanto para nombres, como para verbos, resulta imposible reunir estas dos categorías con los rasgos de categoría sintáctica.

Desde el punto de vista semántico, la carga que se agrega parece ser la misma en ambas bases, por lo que debemos pensar que se trata de un solo prefijo y no de dos. Los casos como éste nos llevan a considerar la prefijación del zoque de otra manera; ya señalamos que los prefijos no provocan cambio alguno en la base; el resultado de dicha operación corresponde siempre a la categoría de la base. En este sentido, este proceso morfológico se apega a la condición de buena formación de Scalise (1984: 80).

(12)

$$[[\text{Pre}][\ ]_X]_X$$

en donde se intenta reflejar la incapacidad que tienen los prefijos para modificar la categoría de la base. Para el prefijo **ko-**, podemos dar cuenta de su comportamiento mediante una entrada como la de 11*b*:

(11)

b. $$\text{ko: } X^{-1}, \begin{Bmatrix} \_\_\_\_ \ [+N, -V] \\ \_\_\_\_ \ [+V, -N] \end{Bmatrix}$$

Así, **komuki**, *medio hermano pequeño* y **koyohsu**, *trabajó en lo ajeno*, podrán derivarse como sigue:

(13)

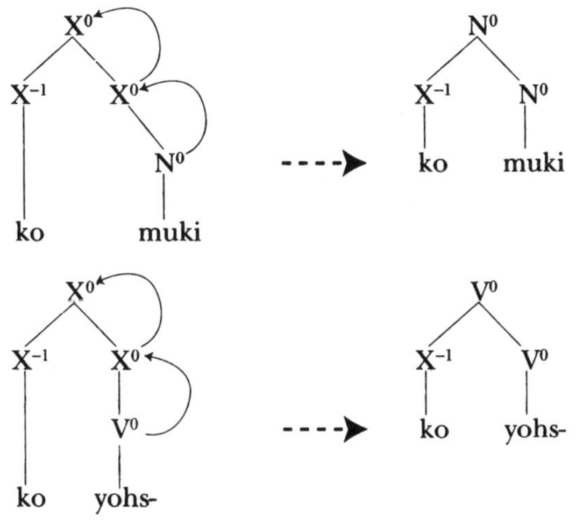

Sufijación

El zoque es una lengua que posee un variado conjunto de sufijos derivativos. Enunciaremos dos grandes grupos: los que derivan nombres y los que forman verbos.

En la formación de nombres tenemos cuatro sufijos. He aquí algunos datos:

(14)

a.	[hay]	[e]	[hay]	[u]
	escribir	nom	escribir	tpo
	'escritura'		'escribió'	
b.	[no't]	[e]	[no't]	[u]
	beber	nom	beber	tpo
	'borracho'		'bebió'	
c.	[tahk]	[e]	[tahk]	[u]
	tejer	nom	tejer	tpo
	'tejido'		'tejió'	
d.	[nihp]	[i]	[nihp]	[u]
	sembrar	nom	sembrar	tpo
	'siembra'		'sembró'	
e.	[huhk]	[i]	[huhk]	[u]
	fumar	nom	fumar	tpo
	'cigarro'		'fumó'	

A la derecha, se han puesto los ejemplos de las bases con el sufijo **-u** de [+pasado], para mayor claridad. Los datos de la izquierda muestran la sufijación de una vocal a las bases verbales para formar nombres. Provisionalmente se considerará al sufijo como una vocal [–alta, –posterior] y sólo señalaremos que su adjunción desencadena un proceso fonológico importante, en el cual presenta la alternancia i/e. Es un sufijo que sólo se adjunta a bases que no han sido derivadas.

(15)

[yohs]	[kuy]	[yohs]	[u]
trabajar	nom	trabajar	tpo
'trabajo'		'trabajó'	
[woh]	[kuy]	[woh]	[u]
gritar	nom	gritar	tpo
'grito'		'gritó'	

[ku't]	[kuy]	[ku't]	[u]
comer	nom	comer	tpo
'comida'		'comió'	

Así como **-e**, el sufijo **-kuy** que se muestra en los ejemplos anteriores, se añade a bases verbales y el resultado es un nombre. En realidad, ambos sufijos compiten, aunque **-kuy**, a diferencia de **-e** se puede agregar también a bases derivadas mediante otros sufijos. Tal es el caso, por ahora sólo esbozado, de **suñi'ahkuy**, *bondad*, en el cual **-kuy** se adjunta a un verbo proveniente del adjetivo **suñi**, *bonito*, más el sufijo **-ah**.

Los dos sufijos son la expresión de las constantes que parecen regir a la derivación en las lenguas: "[los sufijos] derivan palabras pertenecientes a una categoría sintáctica específica y [. . .] se adjuntan a palabras que pertenecen a una categoría sintáctica específica" (Scalise, 1984: 80).

Si trasladamos la afirmación de Scalise a la noción de subcategorización, observaremos que da cuenta de la capacidad que tienen para determinar la categoría del nodo madre y el "poder" para seleccionar el nodo hermano. Estas dos características son las que aparecen reunidas en la información de las entradas morfémicas de las piezas léxicas de 16.

(16)

e : N^{-1} [+V, –N] ___
kuy: N^{-1} [+V, –N] ___

Las entradas morfémicas anteriores señalan la subcategorización de las piezas léxicas —así como sucede en el caso de los prefijos—, pero a diferencia de estos últimos, la entrada de los sufijos contiene la categoría a la que pertenecen.

Ahora bien, hemos visto que los sufijos **-e** y **-kuy** seleccionan rígidamente a sus bases y producen un cambio en la categoría de las mismas. Sin embargo, el zoque posee dos sufijos que no se ajustan plenamente a este patrón. Se trata del sufijo **-tɨhk** y de **-tayu**. Veamos primero el caso de **-tɨhk**.

(17)

a.	[yohs]	[tɨhk]	[yohs]	[u]
	trabajar	nom	trabajar	tpo
	'instrumento de trabajo'		'trabajó'	
	[nu's]	[tɨhk]	[nu's]	[u]
	cubrir	nom	cubrir	tpo
	'cobija'		'cubrió'	

[tɨhp]	[tɨhk]	[tɨhp]	[u]
ensartar	nom	ensartar	tpo
'flecha'		'ensartó'	

b.

[sɨhk]	[tɨhk]
frijol	nom
'frijolar'	
[kahwel]	[tɨhk]
café	nom
'cafetal'	
[so'k]	[tɨhk]
zacate	nom
'zacatal'	
[¢in]	[tɨhk]
ocote	nom
'ocotal'	

En efecto, en 17*a*, **-tɨhk** se adjunta a verbos, mientras que en *b*, lo hace con nombres. Cuando aparece con verbos es un instrumental que agrega el significado de "objeto que sirve para realizar la acción del verbo"; con los nombres funciona como un locativo, pues deriva nombres colectivos que denotan el lugar en el que hay abundancia de cosas iguales a las del nombre de la base. Con tales particularidades, se puede decir que en realidad se trata de dos sufijos **-tɨhk**, cada uno con un significado propio y una capacidad para seleccionar a su nodo hermano.

(18)

tɨhk: N^{-1} [+V, –N] ____

tɨhk: N^{-1} [+N, –V] ____

El caso de **-tayu** queda ejemplificado con los datos siguientes:

(19)

a.

[no'a]	[tayu]
vela	agtvo
'el que sabe hacer velas'	

[mɨ'a] [tayu]
venado agtvo
'el que persigue y caza venados'

[kuhy] [tayu]
madera agtvo
'el que sabe trabajar la madera'

b. [suhs] [tayu]
tocar flauta agtvo
'el que sabe tocar flauta'

[mu'] [tayu]
tocar trompeta agtvo
'el que sabe tocar trompeta'

[tuh] [tayu]
tirar agtvo
con rifle
'tirador de rifle'

c. suhskuy
'flauta'

mu'tɨhk
'trompeta'

tuhtɨhk
'rifle'

El significado de **-tayu** es el de 'profesión o habilidad' para hacer lo que designa la base. Estas bases puede ser tanto nominales como verbales, y aunque, como se muestra en 19*c*, en zoque existen los nombres respectivos de los verbos de 19*b*, **-tayu** toma las bases verbales, no las derivadas. En ambos casos el resultado es un nombre, es decir, **-tayu** no plantea problemas respecto a su categoría, sino a su subcategorización. Representa un contraejemplo al principio general de la derivación de Scalise (1984: 80), según el cual los sufijos se adjuntan a bases que pertenecen a una categoría específica. Una prueba decisiva la encontramos en las formaciones de *cantante* y *danzante*.

(20)

a.	[wane]	[tayu]	*b.*	[wan]	[tayu]
	canción	agtvo		cantar	agtvo
	'cantante'			'cantante'	
	[eh¢e]	[tayu]		[eh¢]	[tayu]
	baile	agtvo		bailar	agtvo
	'danzante'			'danzante'	

En efecto, los hablantes forman *cantante* y *danzante*, ya sea con las bases nominales (20*a*), o con las bases verbales (20*b*). Frente a este estado de cosas, al igual que lo hicimos con el prefijo **ko'**- daremos una solución notacional en la cual la subcategorización de **-tayu** sea disyuntiva.

(21)

$$\text{-tayu} : N^{-1} \left\{ \begin{array}{l} [+V, -N] \;\_\_\_ \\ [+N, -V] \;\_\_\_ \end{array} \right\}$$

La notación anterior no contradice la definición estructural; permite filtrar correctamente la cabeza de la construcción del lado derecho, según la convención III.

Formación de verbos

Los sufijos involucrados en la formación de verbos son **-ah** y **-ɨy**, y las bases pueden ser nombres o adjetivos. **-ah** tiene el significado de "volverse" aquello que denota el nombre o el adjetivo que selecciona en el nodo hermano, mientras que **-ɨy** significa "tener lo que indica el nombre".

(22)

a.	[toya]	[ah]
	dolor	vbz
	'enfermarse'	
	[¢a']	[ah]
	piedra	vbz
	'hacerse piedra'	
	[upu]	[ah]
	espuma	vbz
	'hacer espuma'	

b.	[kowi]	[ah]
	sordo	vbz
	'volverse sordo'	
	[tɨhȼɨ]	[ah]
	delgado	vbz
	'adelgazar'	
	[suñi]	[ah]
	bonita	vbz
	'ponerse bonita'	
	[popo]	[ah]
	blanco	vbz
	'emblanquecer'	
	[sa'sa]	[ah]
	sano/ fuerte	vbz
	'curarse'	

-ah toma también nombres derivados de bases verbales más el sufijo **-e** o **-kuy**.

(23)

[no'te]	[ah]	[no't]	[u]
borracho	vbz	beber	tpo
'volverse borracho'		'bebió'	
[sɨ'ŋkuy]	[ah]	[sɨ'ŋ]	[u]
brillo	vbz	hacer fiesta	tpo
'brillar'		'hizo fiesta'	

Forma bases verbales a partir de adjetivos a las cuales se les puede sufijar **-kuy**.

(24)

[sa'sa'ah]	[kuy]
curarse	nom
'salud'	

[ya¢i'ah] [kuy]
hacerse malo nom
'espíritu malo'

Ahora bien, en el tratamiento de los prefijos, los afijos se consideraron como elementos del léxico con una entrada léxica propia y sólo se diferenciaron de las bases por tener, obligatoriamente, una subcategorización (Lieber, 1981, y Selkirk, 1982a). En ese momento no se discutió la adecuación de la elección. Ahora la sufijación de **-ah** y de **-kuy** presentan evidencia para ello. Retomemos las derivaciones de *brillar* y de *salud*, repetidas en 25, para mostrar el orden de **-kuy**, en relación con **-ah**.

(25)

[sa'sa'ah]	[kuy]		
curarse	nom		
'salud'			
[sɨ'ŋ]	[kuy]	[ah]	[u]
hacer fiesta	nom	vbz	tpo
'brilló'			

En *brilló*, **-kuy** aparece antes de **-ah**, y en *salud* se ubica después. Si se opta por suministrar a los afijos una entrada morfémica, la información de dicha entrada es lo que determina que tal afijo se adjunte a tal o cual base, es decir, el proceso morfológico se sujeta a un ordenamiento intrínseco y no extrínseco.

(26)

kuy: N^{-1} [+V, –N] ____
ah: V^{-1} [+N] ____
sɨ'ŋ: V^0
suñi: A^0
¢a': N^0

Lo importante en el proceso de afijación es la información contenida en las entradas de las piezas léxicas, y ésta guía la inserción léxica en las estructuras arbóreas que ya conocemos. Veamos un ejemplo.

(27)

a.

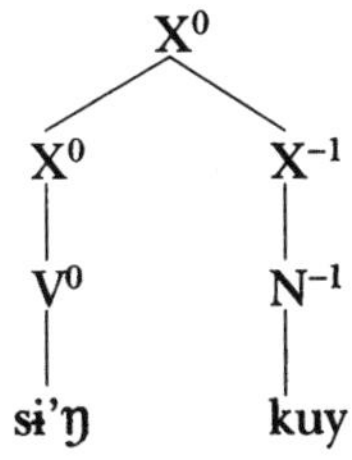

b.

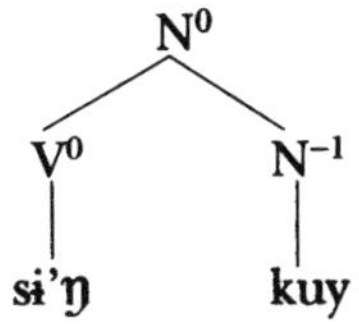

La estructura resultante de *b* se inserta nuevamente en la de *c*, para obtener el resultado de *d*.

c.

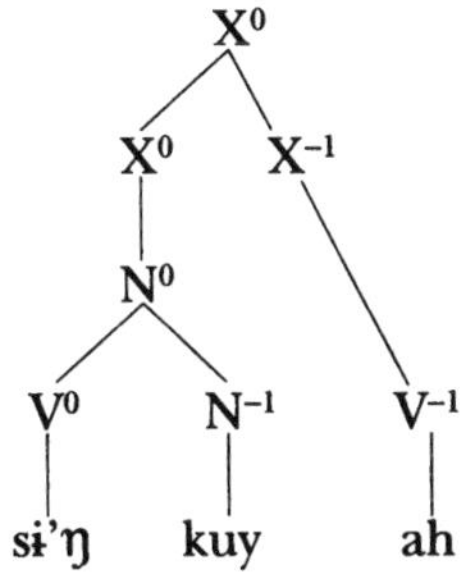

d.

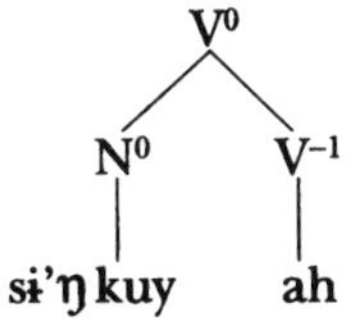

Dentro de la derivación, queda por tratar -**ɨy**. A diferencia de -**ah**, el sufijo -**ɨy** no permite derivaciones con bases adjetivas; se añade únicamente a nombres y con ellos forma verbos.

(28)

[niwi] [ɨy]
chile vbz
'tener chile'

[wa¢i] [ɨy]
raíz vbz
'tener raíz'

[na'¢e] [ɨy]
miedo vbz
'tener espanto/susto'

[yohskuy] [ɨy]
trabajo vbz
'tener trabajo'

[hoko] [ɨy]
humo vbz
'humear'

Además de los nombres provenientes del verbo más **-kuy**, o **-e**, el sufijo **-ɨy** puede recibir nombres compuestos.

(29)

a. [tɨhʢ] [toya]
muela dolor
'dolor de muelas'
[tɨhʢtoya] [ɨy] [u]
vbz tpo
'tuvo dolor de muelas'

b. [kuhy] [ham]
madera cal
'ceniza'
[kuhyham] [ɨy] [u]
vbz tpo
'tuvo ceniza'

FLEXIÓN VERBAL

Al acercarse al verbo, ningún lingüista dudaría de la necesidad de hacer patente, en la lengua que estudia, el hecho de que las relaciones semánticas se pueden establecer tanto en la sintaxis como en la flexión.[12] Para el primer caso, consideremos el siguiente ejemplo.

(1)

te'	pɨt	oyu	[wi'k]	[u]
el	hombre	vino y se fue	comer	tpo
'el	hombre	comió'		

Este enunciado adquiere un aspecto terminativo que enfatiza la terminación de un evento mediante el uso de **oyu**, que lleva consigo el significado de inicio y término de una acción. Para el caso en el que los accidentes del verbo se vehiculan en los afijos, consideremos la formación de 2.

[12] Véase Bybee (1985), quien propone esas categorías en las lenguas.

(2)

[mit]	[u]	[uŋ]
venir	tpo	cot
'dicen	que	vino'

El sufijo **-uŋ** está presente para indicar una relación modal —el cotativo—, en la que el hablante se desliga del grado de veracidad de su emisión: dice que algo sucedió, agregando que él no lo vio.

El marco teórico y los objetivos de la presente investigación, nos hacen permanecer en el análisis de aquellas categorías verbales que son flexionales y se marcan en el verbo por medio de afijos, de los cuales el zoque posee una rica gama, en particular sufijal.

Sufijos obligatorios: sufijos temporales

Ya hemos apuntado, al tratar la composición, la necesidad de ciertos sufijos para constituir una secuencia morfológica aceptable en la lengua. Nos referimos en especial a **-u** y a **-pa**, sufijos temporales, necesarios en la construcción mínima del verbo. Así tenemos:

(3)

[wi'k]	[u]
comer	tpo
'comió'	

[wi'k]	[pa]
comer	tpo
'come'	

En la lengua no se encuentra ***wi'k-**, sin que esté provista, mínimamente de **-u** o de **-pa**, para marcar, respectivamente, el pasado y el no pasado. Además de estos dos sufijos, el zoque posee el morfema del imperativo, con el cual la secuencia de base más sufijo queda completa: **wi'ki**, ¡*come*!

El rasgo de obligatoriedad de **-u**, **-pa**, y **-i** es significativo en la distribución de los demás sufijos verbales del zoque. Estos tres sufijos trazan una línea divisoria que constriñe la aparición de dos grupos de sufijos: los que pueden sufijarse antes —que llamaremos el grupo interior o grupo uno— y los que pueden ir después de ellos —grupo exterior o grupo dos—. Lo propio de aquellos sufijos del grupo uno, es no poder formar una secuencia morfológica aceptable hasta que **-u** o **-pa** esté presente; restricción que no se observa con los del grupo dos. Veamos un ejemplo.

(4)

a. [kihp] [yah] [u] *kihpyah-
pelear 3ªpers,pl tpo
'ellos pelearon'

b. [kihpyahu] [ina]
ellos pelearon asp
'ellos peleaban'

[kihpyahuina] [uŋ]
ellos peleaban cot
'dicen que ellos peleaban'

En 4*a*, la secuencia está formada por la base **kihp-**, el sufijo **-yah-**, 3ª pers., pl., y por **-u**, sufijo de tiempo. En ella, la secuencia de base más persona, ***kihpyah-**, está incompleta. **-yah-**, sufijo que se ordena antes de **-u**, no puede formar una secuencia aceptable en zoque. Por el contrario, el sufijo aspectual **-ina** o el cotativo **-uŋ**, dos de los sufijos que se ubican después de los temporales **-u** y **-pa**, no presentan tal restricción; bien se puede formar **kihpyahuina**, *ellos peleaban*, o bien podemos tener **kihpyahuinauŋ**, *ellos peleaban, dicen.* Como ya dijimos, dichos sufijos forman parte del grupo de sufijos exteriores, o grupo dos. Esta propiedad es un dato valioso de la lengua; aunada a las regularidades en los procesos fonológicos, cimentará la estructuración de los estratos del léxico.

Retomando la categoría de tiempo, además de la distinción [± pasado], la lengua tiene la categoría de futuro. Si bien en ella también se involucra una relación sintáctica, la consideramos aquí por sus implicaciones fonológicas.

(5)

a. maka mini
'va a venir'

b. maka poye
'va a correr'

El futuro se forma con el auxiliar **maka**, forma no ligada al verbo, y un morfema vocálico, con alternancias relevantes para la fonología. Con el sufijo **-u**, el **-pa** y la alternancia **-i/e**, el zoque cubre la categoría de tiempo pasado, presente y futuro, respectivamente.

Sufijos aspectuales

El aspecto, que según la definición de Comrie (1976), alude a la textura temporal interna de la situación, es una categoría traducible en zoque mediante un conjunto de sufijos.

La primera distinción mayor se encuentra en el perfectivo/imperfectivo. Dentro de ella, el perfectivo engloba al incoativo y al reversivo; el imperfectivo cubre al iterativo, al continuativo, al repetitivo y al continuo. En los ejemplos que siguen he abreviado tiempo = tpo, imperfectivo = imptv, perfectivo = perf, pasado = pas y presente = pre.

(6)

a. [wiht] [u] [ina]
caminar pas imptv
'caminaba'

[wiht] [pa] [ina]
caminar pre imptv
'caminaba'

b. [wiht] [u] [um]
caminar pas perf
'ya caminó'

c. [wiht] [pa] [am]
caminar pre perf
'ya camina'

He glosado igual las dos formaciones de 6*a*, a pesar de que aparece en una **-u** y en la otra **-pa**; sólo en el contexto se aprecian las diferencias. Las formas con **-u** se usan cuando un evento está sucediendo y es interrumpido por otro, como en el siguiente ejemplo.

(7)

ɨh nihpuina mitu ɨh mama wi'kuhyi'ŋ
'yo sembraba cuando vino mi mamá con la comida'

Frente a

(8)

ɨh	nihpaina	ya'ihk	te'	sɨhk
'yo	sembraba	en aquel	tiempo	frijol'

En los ejemplos de 6 (*b*,*c*), el sufijo [+perf] presenta una copia vocálica, procedente de la última vocal de la izquierda, y su relación con los temporales es clara. Ambos sufijos se sitúan después de los temporales, lo que no sucede con los otros sufijos aspectuales. En los ejemplos se abrevia incoativo = inctv y reversivo = rev.

(9)

a.	ku't	-kɨ 'y	-u	'empezó a comer' (inctv)
		[perf inctv]	[tpo]	
b.	poy	-is	-u	'huyó un ratito' (rev)
		[perf rev]	[tpo]	

El sufijo **-is** tiene un matiz aspectual muy interesante; se especializa en destacar el relieve temporal de las acciones que suceden por un lapso de tiempo muy pequeño, y en las cuales el experimentante regresa al punto anterior al inicio de la acción.[13]

Los aspectos que cubre el imperfectivo quedan ejemplificados con los siguientes datos. Se han abreviado iterativo = it, continuativo = contv, repetitivo = rep y continuo = cont.

(10)

a.	wiht	-men	-u	'regresó varias veces' (it)
		[imptv it]	[tpo]	
b.	hay	-ho'y	-u	'siguió escribiendo' (contv)
		[imptv contv]	[tpo]	
c.	min	-ke't	-u	'volvió a venir' (rep)
		[imptv rep]	[tpo]	

[13] En Herrera (1991) se analizan las restricciones que tiene el sufijo **-is**, en función de las bases a las que se adjunta.

d.	yohs	-pa	-ma	'todavía trabaja' (cont)
		[tpo]	[imptv cont]	

El iterativo señala que en un lapso, el evento se realizó varias veces; el continuativo sólo marca su continuación, luego de un momento de interrupción, sin decirnos si la acción fue o no concluida; el repetitivo nos dice que el evento sucedió más de una vez; y por último, el continuo, hace que el evento se prolongue hasta el presente.

Los datos anteriores sugieren que los sufijos aspectuales pueden ocurrir ya sea antes o después de los temporales. Tres de ellos, a saber **-ina**, **-Vm**, **-ma**, se sitúan después. En la tabla siguiente, hemos reunido los sufijos aspectuales, señalando su ubicación respecto al tiempo.

(11)

aspecto 1		tiempo		aspecto 2	
-kɨ'y-	(inctv)	-pa	(pres)	-ina	(imptv)
-is-	(rev)	-u	(pas)	-Vm	(perf)
-men-	(it)	-i/e	(fut)	-ma	(cont)
-ho'y-	(contv)				
-ke't-	(rep)				

Esta distribución queda resumida en el esquema 12.

(12)

$_V$[Verbo	Suf	Suf	Suf]$_V$
	[aspecto 1]	[tiempo]	[aspecto 2]

Conviene contrastar el ordenamiento de 12 con la hipótesis de Bybee (1985) sobre la distribución de los afijos verbales. La autora señala que de las categorías verbales, la de aspecto es la que tiene la facultad de alterar la situación del verbo. A diferencia del tiempo y del modo, es la categoría directa y exclusivamente relevante para el verbo (p. 21). Con base en datos de varias lenguas propone el siguiente orden: aspecto, tiempo, modo y persona. De acuerdo con los datos de nuestra investigación, de los ocho sufijos aspectuales, tres de ellos no coinciden con el ordenamiento de Bybee, a saber, **-ina**, **-Vm**, **-ma**.

Sufijos modales

El modo se concibe como la categoría verbal referida a la actitud del hablante frente al evento (Bybee, 1985). En esta categoría, el zoque recubre el modo imperativo (=imp), potencial (=pot), interrogativo (=inte) y cotativo (=cot). Veamos los datos en este orden.

(13)

po'ks	-a	'¡siéntate!'	(imp)
	[imp]		

(14)

wiht	-pa	-yo's	'quizás camina'	(pot)[14]
	[tpo]	[pot]		

(15)

mit	-pa	-ha	'¿viene?' (inte)
	[tpo]	[inte]	

(16)

mit	-u	-uŋ	'dicen que vino' (cot)
	[tpo]	[cot]	

Los sufijos modales parecen adecuarse al ordenamiento de Bybee, pues aparecen después de los temporales, a excepción del imperativo, que en zoque no requiere de tal categoría. En la tabla de 17, se señalan sus posiciones en relación con el tiempo.

(17)

tiempo	modo	
	-yo's	(pot)
-u	-ha	(inte)
-pa	-uŋ	(cot)

Su ubicación se puede incluir en el esquema de los aspectuales y temporales, como se indica enseguida.

[14] El sufijo **yo's** de nuestra variante de estudio, corresponde a **-hisi'ŋ**, en la variante de Copainalá. Wonderly (1951c: 142) lo ubica dentro de los aspectuales. Lo hemos considerado modal pues los hablantes al decir **wi'kuyo's**, *quizás comió*, agregan "no lo sé", y en este sentido se desligan de la veracidad del evento, sólo suponen su realización.

(18)

$_{V}$[verbo	suf	suf	suf	suf]$_{V}$
	asp	tpo	asp	modo

Sufijos de persona/número

El ordenamiento de los sufijos de persona-número rebasa las expectativas de la formulación de Bybee (1985). Coincide más bien con el ordenamiento de Selkirk (1982a: 72) quien propone: persona, número, tiempo, aspecto y modo. En su sistema de afijos de persona/número, el zoque incluye prefijos, clíticos y sufijos.

(19)

mbo'¢u'¢i	'yo monté a caballo'
mbo'¢u	'tú montaste a caballo'
pyo'¢u	'él montó a caballo'
po'¢tamu'¢i	'nosotros montamos a caballo'
po'¢tamu	'ustedes montaron a caballo'
po'¢yahu	'ellos montaron a caballo'

(20)

¢iku'¢i	'yo nadé'
¢iku	'tú nadaste'
¢iku	'él nadó'
¢iktamu'¢i	'nosotros nadamos'
¢iktamu	'ustedes nadaron'
¢ikyahu	'ellos nadaron'

En 19, se trata de un verbo transitivo; los afijos en cuestión son: la primera y la segunda persona singular comparten un prefijo nasal y se diferencian por el clítico -**'¢i** para la primera persona, una yod marca la tercera persona, el sufijo **-tam** marca la primera y la segunda persona plural y también se diferencian por el clítico **-'¢i** y por último, **-yah** es el sufijo de la tercera persona plural. Los verbos de 20 son intransitivos y en ellos hay ausencia de prefijos; sólo se aprecian los sufijos y el clítico.

En 19 y 20, los sufijos de persona aparecen antes de los temporales **-u** y **-pa**, y no sólo esto es cierto respecto a esta categoría, sino que pueden incluso preceder a los aspectuales. Veamos los datos. Abrevio persona/número = p/n.

(21)

kihp	-yah	-ke't	-u	'ellos quisieron pelear de nuevo'
	[p/n]	[asp]	[tpo]	

En el caso del zoque, los afijos de p/n están sistemáticamente unidos al verbo, lo que se expresa en la tabla siguiente.

(22)

pers/núm.	base verbal	pers/núm.	tiempo
N(1ª/2ª,sig)		-tam- (1ª/2ª,pl)	-u
y- (3ª,sing)		-yah- (3ªpl)	-pa

Los sufijos temporales y el imperativo forman una especie de barrera de contención que, por un lado, impide a cualquier sufijo del grupo uno salir de su ámbito para posponérseles y, por el otro, pueden formar, con o sin ellos, una secuencia morfológica aceptable.

La pregunta por responder ahora es la de qué tipo de información requieren los afijos flexivos en su representación dentro del léxico. Con apoyo en los trabajos de Selkirk (1982a) y Lieber (1981), hemos podido darle un tratamiento homogéneo a la derivación y a la composición. Las piezas léxicas (bases y afijos derivativos), poseen una entrada léxica señalando su categoría léxica, pero a diferencia de las bases, los afijos están subcategorizados obligatoriamente. Con ello se ha logrado establecer un ordenamiento intrínseco de los procesos afijales. Sin embargo, sería un error incuestionable tratar de mantener el mismo sistema para la flexión verbal, ya que es insustancial proponer una entrada morfémica como la de 23*a* para los sufijos, o como en 23*b* para los prefijos.

(23)

a. X: V^{-1} $]_V$ ____

b. X: V^{-1} ____ $_V[$

Son entradas obvias que nada dicen acerca del orden interno de los sufijos. Si optáramos por mantener la solución de Lieber (1981), cada sufijo tendría su marco de subcategorización, pero en lugar de que la regla tuviera la información $]_V$ ___, contendría, en lugar de V, las marcas de persona, aspecto, tiempo o modo necesarias para indicar el orden relativo de los sufijos. Esta solución permitiría homogeneizar todos los procesos morfológicos del léxico; sin embargo, habría una fuerte dosis de redundancia pues, en el caso particular del zoque, todos los sufijos modales tendrían la misma subcategorización en virtud de su aparición después de los temporales; de la misma manera sucedería con los que se ubican antes de éstos. La incapacidad intrínseca de dichos sufijos para cambiar la categoría de las bases y su necesidad de ordenarse entre sí son dos argumentos de peso para echar mano de otros recursos teóricos y con ellos capturar esas generalizaciones. Así pues, si optamos por la solución de Selkirk (1982a), los afijos flexivos seguirán teniendo su entrada léxica, pero a diferencia de los afijos derivacionales, en ella no se mencionará su categoría léxica, sino los rasgos diacríticos particulares de cada pieza. He aquí un ejemplo de ello. (Abrevio presente =pres, pasado =pas, marcado para el rasgo en cuestión =m).

(24)

$$\text{pa} \quad \begin{bmatrix} \text{m tpo} \\ \text{m pres} \end{bmatrix} \qquad\qquad \text{u} \quad \begin{bmatrix} \text{m tpo} \\ \text{m pas} \end{bmatrix}$$

Con el recurso de las reglas de reescritura, se podrá establecer el orden relativo de los sufijos, permitiendo que éstas mencionen los rasgos diacríticos. Para el zoque, antes de ver cuáles serían esas reglas, necesitamos hacer algunas precisiones.

En la exposición de los sufijos del verbo se ha visto la presencia de los morfemas de aspecto antes y después de los de tiempo; también se ha visto el poder de los sufijos **-u**, **-pa**, y del imperativo para formar secuencias aceptables y, por último, se ha mostrado que ciertos morfemas de persona son prefijos. Estas tres características deben ser explicadas en el componente morfológico de la lengua. En respuesta a la última característica, las reglas de afijación deben incluir la mención del prefijo antes del verbo, es decir, las reglas del zoque serán como sigue:

(25)

a. $X^0 \rightarrow X^0, X^{-1}$
b. $X^0 \rightarrow X^0, X^0$
c. $X^0 \rightarrow X^{-1}, X^0$

Las reglas *a* y *c* permiten efectuar las operaciones morfológicas de derivación; *b* da cuenta de la composición y la aplicación recursiva de *a* y *c* describe la morfología verbal.

La regla de reescritura que captura la presencia de los sufijos de contención, segunda característica de la lengua, queda expresada enseguida. (Abrevio imperativo = imp).

(26)

V° —> V° suf [m tpo, m imp]

Para fijar el orden entre los sufijos y explicar el comportamiento de los aspectuales, distinguiremos con el rasgo [asp 2] los sufijos **-ina**, **-Vm**, y **-ma**, imperfectivo, perfectivo y continuo, respectivamente; mientras que aquellos que ocurren antes de los sufijos de contención llevarán el rasgo [asp 1] en sus respectivas entradas léxicas. Dichas entradas tendrán la forma siguiente:

(27)

is	ina
[m asp 1 m perf m rev]	[m asp 2 m imp]

Por último, la regla particular para capturar el orden relativo tendrá la forma que sigue:

(28)

V —>	pref	V	suf	suf	suf	suf	suf
	[m p/n m sg]	[m p/n m pl]	[m asp 1]	[m tpo]	[m asp 2]	[m mod]	

El orden de 28, se puede ejemplificar con las dos construcciones siguientes:

(29)

a.

wi'k-	yah-	is-	u-	um-	uŋ
comer	[p/n pl]	[asp1 rev]	[tpo pas]	[asp2 perf]	[modo cot]

'Ellos ya comieron por un ratito, dicen'

b.

y-	tuhk-	is-	u-	um-	uŋ
[p/n sing]	cortar café	[asp1 rev]	[tpo pas]	[asp2 perf]	[modo cot]

'Él ya cortó café por un ratito, dicen'

Veamos ahora las operaciones morfológicas de **kihpyahu**, ellos *pelearon*. Entradas léxicas de los sufijos:

(30)

yah: [m p/n, m pl]

u: [m tpo, m pas]

La inserción léxica de **-yah** y el filtrado de rasgos dará una estructura como en 31*a*; la sufijación de **-u** y su respectivo filtrado será como en *b* y el resultado como en *c*.

(31)

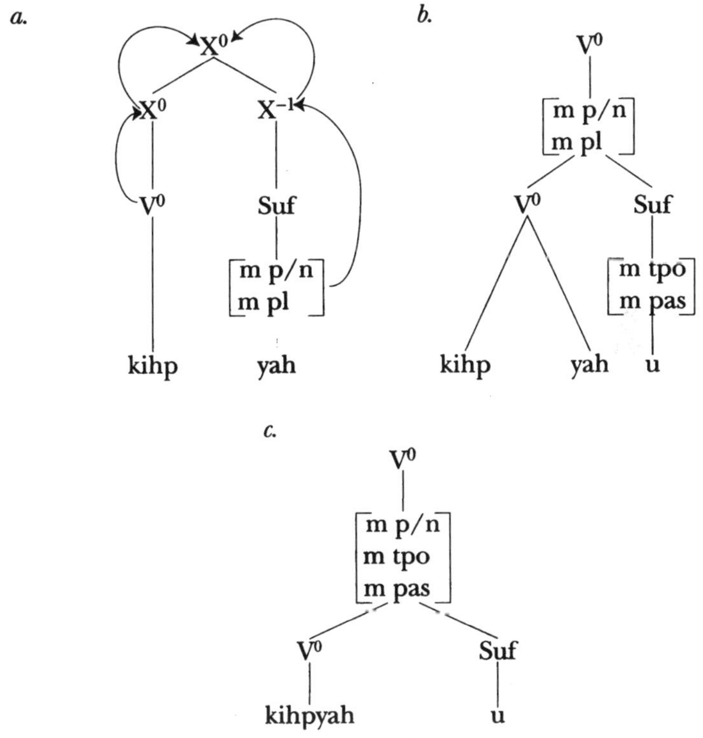

En las derivaciones anteriores el filtrado de rasgos del lado izquierdo se ha efectuado según la condición III de Lieber que asegura el etiquetamiento a partir del nodo disponible. En los procesos flexivos, el filtrado de rasgos por ambos lados permite que el componente sintáctico tenga acceso a las distinciones gramaticales del verbo. Lo anterior señala, nuevamente, una distinción entre flexión y derivación. En los procesos derivativos el resultado de la formación es una nueva palabra, mientras que en la flexión entran en juego distinciones gramaticales.

Para concluir este apartado, podemos resumir en los siguientes cuadros los diferentes afijos que intervienen en la derivación y en la flexión.

CUADRO 1
Derivación

Prefijos	*Categoría léxica de la base*	*Sufijos*	*Categoría léxica resultante*
aŋ -	N		N
ko-	N		N
	V		V
ko'-	N		N
yahk-	V		V
	V	-kuy	N
	V	-i/e	N
	N	-tɨhk	N
	V	-tɨhk	N
	N	-tayu	N
	V	-tayu	N
	N	-ah-	V
	A	-ah-	V
	N	-ɨy-	V

CUADRO 2
Flexión

Prefijos				*Sufijos*			
N- 1ª/2ªpers,sing				*-tam- 1ª/2ªpers,pl*			
y- 3ªpers,sing				*-yah- (3ªpers,pl)*			
Aspecto 1		*Tiempo*		*Aspecto 2*		*Modo*	
-kɨ'y-	(inctv)	-u	(pas)	-Vm	(perf)	-ɨ/a	(imp)
-is-	(rev)	-pa	(pre)	-ina	(impv)	-yo's	(pot)
-men-	(it)	- i/e	(fut)	-ma	(cont)	-ha	(inte)
-ho'y-	(contv)					uŋ	(cot)
-ke't-	(rep)						

III. ESTRATOS LÉXICOS DEL ZOQUE

El análisis morfológico de la lengua arroja datos de gran valía sobre la estructura del léxico. La primera aseveración de índole general es que en ella se pueden deslindar los procesos morfológicos de composición, derivación y flexión. La posición de los sufijos derivativos, en relación con los flexivos, sugiere que los primeros están más próximos a la base verbal que los segundos, es decir, la lengua se ajusta al siguiente esquema:

(1)

[[[X]$_{V}$ [Y]$_{der}$]] [Z]$_{flex}$]

En 1 se afirma que los sufijos flexivos, sistemáticamente, aparecerán después de los derivativos, lo cual parece acertado en el zoque:

(2)

[[[[ȼanga]$_{A}$[ah]$_{der}$]$_{V}$ [yah]$_{flex}$] [u] $_{flex}$]$_{V}$ 'ellos engordaron'
gordo vbz 3ª/pl tpo

La composición parece ajustarse al mismo principio; en un compuesto como **ȼamayoya**, *jabalí*, el sufijo de plural se enlaza en **yoya** y no en **ȼama**:

(3)

[[[ȼama]$_{N}$ [yoya]$_{N}$]$_{N}$ [tam]$_{flex}$]$_{N}$ 'jabalíes'
monte puerco pl

La flexión es pues un proceso periférico a la derivación y a la composición.

Composición *versus* derivación

Al examinar el proceso de composición advertimos dos características: su correspondencia con la derivación y la necesidad de diferenciarla en atención a la evidencia fonológica; señalamos que en la formación de un ítem léxico cuyo proceso involucra un nombre más otra categoría léxica, el nombre ya había sido derivado mediante **-kuy**, el sufijo vocálico, o bien el prefijo **ko-**. Esta afirmación, dibujada en ese momento, se concretiza ahora a la luz de más datos de la lengua:

(4)

a. [[wi'kkuy]$_N$ [kɨ¢]$_V$]$_V$
comida servir
'servir la comida'

b. [nihpkuy]$_N$ [hama]$_N$]$_N$
siembra día
'día de siembra'

El dato de 4*a* ejemplifica a un verbo compuesto por el nombre **wi'kuy**, *comida*, y el verbo **kɨ¢-**, *servir*; el nombre a su vez se deriva del verbo **wi'k-**, *comer*, y el sufijo **-kuy**. En 4*b*, se trata de un nombre compuesto por dos nombres, a saber: **nihpkuy**, *siembra*, y **hama**, *día/sol*, donde el primero de ellos proviene del verbo **nihp-**, *sembrar*, y el sufijo **-kuy**. El hecho de que la derivación alimente a la composición, es decir, que incluya temas derivados, se puede interpretar en el modelo léxico, asignándole a la derivación un estrato anterior al de la composición. Con ello, los ejemplos de 4 estarán formados en dos estratos del léxico, como se intenta mostrar en los esquemas siguientes:

(5)

Estrato 1		
[wi'k]$_V$ [kuy]	[nihp] $_V$ [kuy]	
[[wi'k]$_V$ [kuy]]$_N$	[[nihp]$_V$ [kuy]]$_N$	Sufijación
[wi'kkuy]$_N$	[nihpkuy]$_N$	CBC
Estrato 2		
[wi'kkuy]$_N$ [kɨ¢]$_V$	[nihpkuy]$_N$ [hama]$_N$	
[[wi'kkuy]$_N$ [kɨ¢]$_V$]$_V$	[[nihpkuy]$_N$ [hama]$_N$]$_N$	Composición
[wi'kkuy kɨ¢]$_V$	[nihpkuyhama]$_N$	CBC

En apoyo a esta primera división de 5, el zoque aporta evidencia de tipo fonológico. Se trata del proceso de armonía vocálica que se presenta en la derivación, mientras que en la composición existe un proceso de copia vocálica. Veamos algunos datos para reforzar la afirmación anterior.

(6)

a. [huhk] [i] fumar nom 'cigarro'	*b.* [huhk] [u] fumar tpo 'fumó'
[eh¢] [e] bailar nom 'baile'	[eh¢] [u] bailar tpo 'bailó'

(7)

[mohk] [o] [hɨyɨ]
maíz vocEn flor
'espiga del maíz'

[tihk] [i] [kopahk]
casa vocEn cabeza
'techo de la casa'

En los ejemplos de 6 se aprecia el cambio fonológico del sufijo nominalizador; en ellos, la calidad de la vocal cambia según la vocal de la base. Por el contrario, en los casos de 7, el sufijo que sirve de enlace a los dos nombres, y que se utiliza para marcar la parte de un todo, es una vocal igual a la última del nombre que le antecede. Podemos pues decir que la diferencia fonológica entre los dos tipos de formaciones se suma al hecho de que la composición se efectúa una vez que los ítem han sido derivados. Estos dos argumentos, uno fonológico y el otro morfológico, apoyan la postulación de dos estratos: uno donde se efectúa la derivación y otro posterior para formar los compuestos.

Por otra parte, en las páginas anteriores señalamos que los sufijos derivativos se podían añadir a formas compuestas. Los ejemplos que siguen muestran que los sufijos **-ɨy**, **-ah** y **-tɨhk**, que forman parte de los sufijos derivativos (estrato 1), se pueden sufijar a bases que han sido formadas en el estrato 2.

(8)

a. [¢a']$_N$ [tuh]$_N$
piedra lluvia
'granizo'

b. [[¢a'tuh]$_N$ [ah]]$_V$ *¢a'ahtuh
granizo vbz
'granizar'

c. [¢u'¢]$_N$ [ma¢a]$_N$
cola estrella
'cometa'

d. [[¢u'¢ma¢a]$_N$ [ɨy]]$_V$ *¢u'¢ɨyma¢a
cometa vbz
'tener cometa'

e. [nahs]$_N$ [tah]$_V$
tierra picar
'arar'

f. [[nahstah]$_V$ [tɨhk]]$_N$ *nahstɨhktah
arar nom
'arado'

La inexistencia de las formas con asterisco prueban que existe una situación de franca alimentación mutua entre la derivación y la composición, que se puede reflejar en nuestro modelo teórico con el recurso del movimiento de "vuelta atrás", es decir, con un *loop*. Se trata de un dispositivo que autoriza a los ítem de un estrato Z, pasar, o mejor dicho, regresar a un estrato Z^{-1}. Con el *loop*, las formas compuestas en el estrato 2, regresan al estrato 1 para poder ser derivadas, como lo requieren los datos del zoque.

Flexión I *versus* flexión II

El dato más sobresaliente de la morfología flexiva es sin duda el comportamiento de los sufijos temporales y del imperativo. Son tres morfemas que marcan una línea divisoria entre los demás sufijos flexivos de la lengua. Esta particularidad, que ha servido de guía en nuestro análisis, queda expresada en el contenido de los estratos si ubicamos en uno de ellos las operaciones morfológicas de los sufijos del grupo uno, y en otro, los del grupo dos, es decir, en un estrato los sufijos que pueden ir antes de **-u**, **-pa** y el imperativo, y en otro los que les siguen. La decisión de ubicar estos tres sufijos contenedores junto con los de la clase uno, nos permitirá reflejar en el léxico su particular comportamiento, y al mismo tiempo, nos permitirá asegurar que en cada uno de los estratos, las operaciones morfológicas formen una palabra "completa", es decir, un ítem que pueda, potencialmente, insertarse en una construcción mayor. De esta forma, el léxico del zoque requerirá cuatro estratos, como lo refleja el siguiente esquema:

(9)

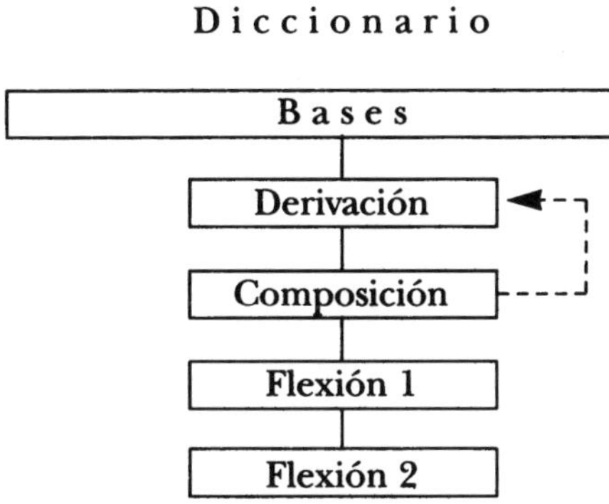

En este esquema, las líneas punteadas indican el *loop* del estrato en el que se efectúa la composición, al estrato precedente, con el fin de que los compuestos verbales reciban los sufijos derivacionales en el estrato 1.

IV. PROCESOS FONOLÓGICOS DE LA LENGUA

Para poder lograr una mejor exposición de los datos de la lengua, conviene presentar sus segmentos, así como los procesos que se analizarán en las páginas que siguen.[1]

(1)

Segmentos fonéticos

Consonantes									
Oclusivas	p	t	c			k		'	
	b	d	j			g			
Fricativas		s	š					h	
Africadas		ȼ	č						
		ƶ̌	ǰ						
Nasales	m	n		ñ		ŋ			
Glides				y		w			
Vocales					i			ɨ	u
					e				o
							a		

La utilización de los rasgos distintivos traduce el conjunto anterior de segmentos fonéticos en el siguiente:[2]

[1] En el cuadro 1 no se incluye a [f], [r], [l], segmentos que se encuentran en préstamos del español: *finca, faja, aros, pero, plato, costal,* etc. En este cuadro, los símbolos c y j se usan para representar las versiones palatalizadas de *t* y *d*, respectivamente.

[2] Por razones de espacio, he abreviado los rasgos: sonante = Snte, silábico = Sil, consonántico = Cons, continuo = Cont, nasal = Nas, posterior = Post, redondeado = Red, anterior = Ant, coronal = Cor, sonoro = Son, escape gradual = Escg, glotis constreñida = GlCo, glotis extendida = GlEx. En su mayor parte, los rasgos de este cuadro corresponden a los de SPE. Los rasgos GlCo (*constricted glottis*) y GlEx (*spread glottis*) fueron introducidos por Halle (1972) con el fin de distinguir a ['] y a [h] entre sí y a éstos a su vez de los demás segmentos. El rasgo GlCo es similar al de "constricción glotal" de SPE.

(2)

	p	b	t	d	¢	ž	c	j	č	ǰ	k	g	s	š	m	n	ñ	ŋ	y	w	'	h	i	u	ɨ	e	o	a
Snte	–	–	–	–	–	–	–	–	–	–	–	–	–	–	+	+	+	+	+	+	+	+	+	+	+	+	+	+
Sil	–	–	–	–	–	–	–	–	–	–	–	–	–	–	–	–	–	–	–	–	–	–	+	+	+	+	+	+
Cons	+	+	+	+	+	+	+	+	+	+	+	+	+	+	+	+	+	+	–	–	–	–	–	–	–	–	–	–
Cont	–	–	–	–	–	–	–	–	–	–	–	–	+	+	–	–	–	–	+	+	–	+	+	+	+	+	+	+
Nas	–	–	–	–	–	–	–	–	–	–	–	–	–	–	+	+	+	+	–	–	–	–	–	–	–	–	–	–
Alto	–	–	–	–	–	–	+	+	+	+	+	+	–	+	–	–	+	+	+	+	–	–	+	+	+	–	–	–
Bajo	–	–	–	–	–	–	–	–	–	–	–	–	–	–	–	–	–	–	–	–	+	+	–	–	–	–	–	+
Post	–	–	–	–	–	–	–	–	–	–	+	+	–	–	–	–	–	+	–	+	–	–	–	+	+	–	+	+
Red	–	–	–	–	–	–	–	–	–	–	–	–	–	–	–	–	–	–	–	+	–	–	–	+	–	–	+	–
Ant	+	+	+	+	+	+	+	+	–	–	–	–	+	–	+	+	–	–	–	–	–	–	–	–	–	–	–	–
Cor	–	–	+	+	+	+	+	+	+	+	–	–	+	+	–	+	+	–	+	–	–	–	–	–	–	–	–	–
Son	–	+	–	+	–	+	–	+	–	+	–	+	–	–	+	+	+	+	+	+	–	–	+	+	+	+	+	+
Escg	–	–	–	–	+	+	–	–	+	+	–	–	+	+	–	–	–	–	–	–	–	–	–	–	–	–	–	–
GlCo	–	–	–	–	–	–	–	–	–	–	–	–	–	–	–	–	–	–	–	–	+	–	–	–	–	–	–	–
GlEx	–	–	–	–	–	–	–	–	–	–	–	–	–	–	–	–	–	–	–	–	–	+	–	–	–	–	–	–

El zoque es una lengua que tiene un gran número de procesos fonológicos; en su mayor parte se presentan en el módulo léxico, es decir, son procesos que suceden en presencia de una frontera morfológica. La presentación que sigue no tiene ningún orden relevante en el tratamiento que les daremos:

—Metátesis de yod ante cualquier consonante

hay -ke't -u	—> hakye'tu	'escribió de nuevo'
hay -pa	—> hapya	'él escribe'

—Palatalización del grupo {t, s, ¢, n, } ante yod

ihs -yah -u	—> ihšahu	'ellos vieron'
wiht -yah -u	—> wihcahu	'ellos caminaron'
eh¢ -yah -u	—> ehčahu	'ellos bailaron'
sun -yah -u	—> suñahu	'ellos quisieron'

—Sonorización del grupo {p, t, k, ¢, č} después de nasal

ki'm -pa	—> ki'mba	'él sube'
tukun -tam	—> tukundam	'aretes'
to'ŋ -ke't -u	—> to'ŋge'tu	'bebió de nuevo'
¢in -¢in -u	—> ¢inžinu	'picoteó'
saŋ -ču'e	—> saŋǰu'e	'muy viejita'

—Simplificación de grupos consonánticos

awaht -tam	—> awahtam	'piojos'
nihp -pa	—> nihpa	'él siembra'
wi'k -kuy	—> wi'kuy	'comida'
yahk -¢e' -u	—> yah¢e'u	'lo hizo lavar'
yahk -čina -ah -u	—> yahčina'ahu	'lo convirtió en naranja'

—Desnasalización de {m, n, ŋ} en posición final [3]

¢an -tam	'culebras'	¢at	'culebra'
ham -hi'ŋ	'con cal'	hap	'cal'
kaŋ -omo	'en el tigre'	kak	'tigre'

—Desnasalización de {m, n, ŋ} frente a una oclusiva heterorgánica

kom -tam	—> kobdam	'horcones'
kaŋ -tam	—> kagdam	'tigres'
win -ko¢ɨh	—> widgo¢ɨh	'novio'

—Asimilación de nasales

yohs -tam -ke't -u	—> yohstaŋge'tu	'trabajamos de nuevo'
ten -pa	—> temba	'levanta'
ten -ke't -u	—> teŋge'tu	'levantó de nuevo'

—Nasalización del grupo {h, ', w, y, vocales}

hiyɨ	h̃ĩỹɨ̃
flor	'mi flor'
we'ke	w̃ẽ'ke
cerco	'mi cerco'

—Copia vocálica del sufijo aspectual **-Vm**

yɨti -Vm	—> yɨti'im	'ya ahora'
wiht -pa -Vm	—> wihtpa'am	'ya camina'

—Copia de la vocal de enlace en compuestos

kuhy -V- naka		—> kuhyunaka
árbol	piel	'corteza'

—Armonía vocálica en varios sufijos vocálicos

huk-i	'cigarro'
wan-e	'canción'

[3] Como puede apreciarse por los procesos que siguen, aquellos que involucran a las nasales representan un aspecto crucial en la fonología del zoque.

—Inserción de ’ entre vocales

apiht -omo	—> apihtomo	‘en la espina’
ko’a -omo	—> ko’a’omo	‘en el tambor’

Sonorización

En el cuadro 4, los segmentos [−continuo] y [+sonoro] son el resultado de un proceso fonológico regular en el cual todo segmento [−continuo] se sonoriza cuando le antecede un segmento [+nasal]. Prueba de ello es la inexistencia en la lengua de palabras como *dik, *gohso, *peb, *¢aga. Veamos los datos siguientes:

(3)

[maŋ]	[kuy]			—> [maŋguy]
ir	nom			‘la ida’
[saŋ]	[kowi]			—> [saŋgowi]
int	sordo			‘muy sordo’
[ki’m]	[pa]			—> [ki’mba]
subir	tpo			‘sube’
[tukun]	[tam]			—> [tukundam]
arete	pl			‘aretes’
[tan]	[tɨhk]			—> [tindɨhk]
defecar	nom			‘letrina’
[¢in]	[¢in]	[u]		—> [¢inƶ̌inu]
pellizcar	*idem*	tpo		‘picoteó’
[saŋ]	[ču’e]			—> [sanǰu’e]
int	viejita			‘muy viejita’

(4)

[woh]	[kuy]			—> [wohkuy]
ladrar	nom			‘ladrido’
[sohs]	[pa]			—> [sohspa]
cocinar	tpo			‘cocina’
[so’k]	[tam]			—> [so’ktam]
zacate	pl			‘zacates’
[yahk]	[¢e’]	[u]		—> [yah¢e’u] (donde k¢—>¢)
caus	lavar	tpo		‘lo hizo lavar’
[yahk]	[čina]	[ah]	[u]	—> [yahčina’ahu] (donde kč —> č)
caus	naranja	vbz	tpo	‘lo convirtió en naranja’

(5)

[win]	[seh]	—>	[winseh]
punta	sim		'parecido a la punta'
[aŋ]	[sihs]	—>	[aŋsihs]
mod	carne		'labio'

Las formas de 3 ilustran el proceso de sonorización de los segmentos {p, t, k, ¢, č}, después de nasal; este conjunto de segmentos se caracterizan por el rasgo [−continuo] que comparten todos. En 4, los ejemplos sirven de contraste, ya que contienen los mismos segmentos y no se sonorizan; en 5 se muestra que la /s/ no interviene en el proceso. En el tratamiento de este proceso no vamos a discutir por qué las fricativas quedan excluidas, sólo queremos señalarlo. Cuando analicemos el proceso de nasalización, daremos una explicación de ello.

El proceso de sonorización no sólo sucede en los casos anteriores —cuando se involucra una frontera morfológica—, sino que también está presente en el interior de los morfemas, en el linde de palabras, y aún más, en la adaptación de préstamos al zoque del español y otras lenguas.

(6)

ka'nǰi
'guajolote'
ho'nǰi
'pájaro'
tandan
'mariposa'
¢aŋga
'gordo'

(7)

te'	tandaŋ	kehk-	pa	—>	[te'tandaŋgehpa]
la	mariposa	caer	tpo		

'la mariposa cae'

te'	pɨn-	tam	ten-	yah-	u	—>	[te'pɨndandeñahu]
el	hombre	pl	levantar	3ª pers, pl	tpo		

'los hombres se pararon'

te'	pɨn-	tam	po'ks-	yah-	u	—>	[te'pɨndambo'kšahu]
el	hombre	pl	sentarse	3ª pers, pl	tpo		

'los hombres se sentaron'

mandeka
'manteca' (español)

nanži
'nanche' (náhuatl)

Dado que el proceso que nos ocupa está presente entre palabras, la regla en cuestión tendrá al módulo posléxico como dominio de aplicación.

El proceso es particularmente interesante pues nos permite mostrar la adecuación de la teoría fonológica no lineal. En efecto, si se quiere dar cuenta de él mediante los mecanismos de la fonología segmental, la regla tendrá la siguiente forma:[4]

(8)

[–cont] —> [+son] / [+nasal]____

Inspirada en la teoría de SPE, en la cual las matrices de rasgos carecen de un ordenamiento jerárquico, la formulación de la regla anterior esconde un hecho importante: el rasgo [+nasal] en la descripción estructural obscurece el hecho de que sólo el valor relativo a la sonoridad cambia de valencia; los demás permanecen inalterables. Autores como Mascaró (1983) y Mohanan (1983) han reconocido que los segmentos tienen una estructura interna, misma que se refleja en el comportamiento de ciertos rasgos en función de ciertas reglas. Clements (1985) propone una agrupación en dos sentidos: secuencial y jerárquica. En la agrupación secuencial los rasgos constituyen gradas separadas y jerarquizadas; bajo la jerárquica, los rasgos se agrupan en conjuntos independientes. Así, los rasgos relativos al punto y modo de articulación, y a la actividad laríngea, se agrupan en gradas jerárquicas que están unidas a un esqueleto . .CVCV. . y pueden actuar de manera independiente. Con este criterio autosegmental, la [n] quedaría representada como sigue:[5]

[4] Para un análisis del zoque de Copainalá, basado en el ordenamiento de las reglas, véase Dell (1985: 109-143).

[5] Abrevio: grada de raíz = R, grada laríngea = L, grada supralaríngea = SL, grada de modo de articulación = MA y grada de punto de articulación = PA. En 9 presentamos una caracterización escueta de la geometría de rasgos. En las discusiones más recientes, autores como Sagey (1986) y Goldsmith (1990) proponen una mayor organización del nodo PA; Pigott (1987, 1989) y McCarthy (1988) discuten la ubicación de los rasgos dominados por el nodo MA. Hemos omitido estos detalles por no ser pertinentes en este momento de la discusión.

(9)

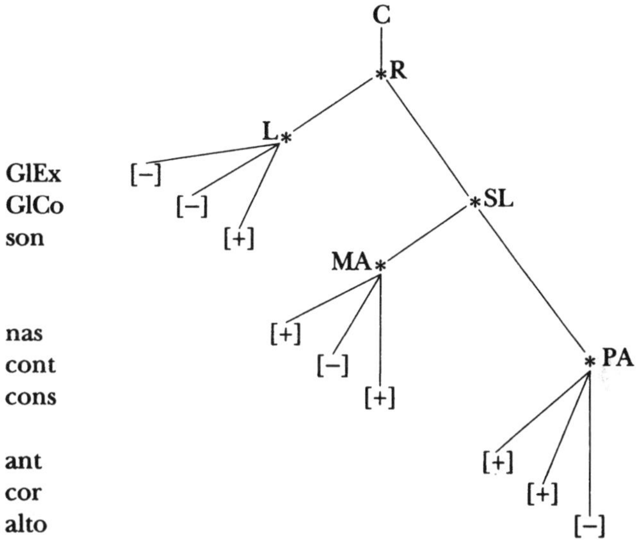

En la jerarquía de 9 la estructura total del segmento está dominada por un solo nodo, el nodo R; éste a su vez se bifurca en dos, el nodo L y el SL; el nodo L domina a los rasgos que caracterizan el estado de la glotis, y el SL a los articuladores supraglotálicos. En esta representación de [n] se pone de manifiesto el contenido empírico del agrupamiento autosegmental; los nodos reúnen un conjunto de rasgos que funcionan de manera homogénea en los procesos fonológicos de las lenguas; los cambios involucran dos operaciones simples: la propagación, indicada con una línea punteada, o la desasociación de los nodos, o de los rasgos individuales, indicada con dos líneas horizontales (McCarthy, 1988). En la regla segmental esto resulta imposible pues hay una sincronización de los rasgos. El proceso de sonorización del zoque queda mejor explicado como una propagación del autosegmento [+sonoro] sobre el [–continuo].

(10)

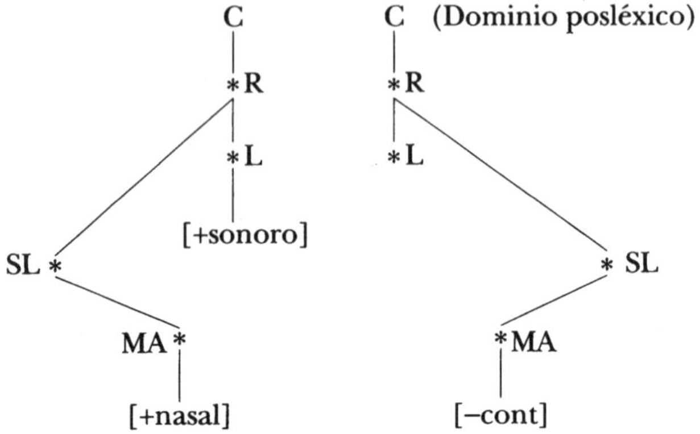

Dado que en el zoque el grupo de segmentos [−continuo] no está especificado para el rasgo de sonoridad, la regla autosegmental de 10 tiene el efecto de propagar el autosegmento [+sonoro] sobre el segmento [−continuo] para convertirlo en [+sonoro].[6]

Los efectos de la regla de 10 se exponen con las siguientes derivaciones.

(11)

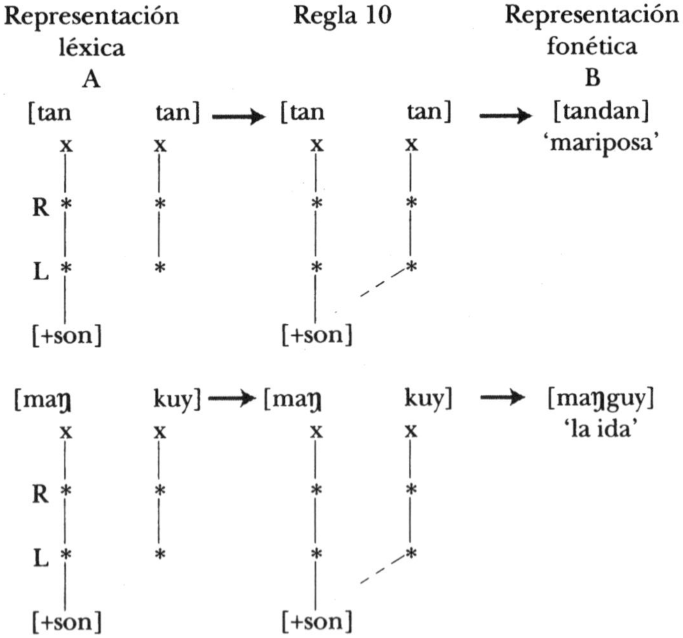

[6] En el apartado sobre nasalidad, hablaremos de la distinción entre los segmentos del

En la columna A los ítem aparecen como han salido del léxico; los de B son el resultado de la aplicación de la regla. Más adelante hablaremos de las pruebas que validan el contenido de la representación léxica. Por el momento abordaré otro de los cambios del módulo posléxico.

PALATALIZACIÓN

Las palatalizaciones de los segmentos son cambios muy comunes en las lenguas; son procesos que generalmente se caracterizan por la atracción que ejercen las vocales o las semivocales [–posteriores] sobre la consonante que les es contigua. Si bien lo anterior es un rasgo que las unifica como procesos, quizás aquello que las diferencia sea la presencia o la elisión del segmento que las provoca; dicho en otros términos, puede haber lenguas en las que una yod o una vocal palatalizan, pero permanecen —en cuyo caso se puede hablar de un proceso de asimilación— y lenguas en las que el segmento se fusiona con el precedente.[7] El zoque pertenece a este último tipo de lenguas; los segmentos [+coronales] se palatalizan ante yod, dando como resultado que el grupo {t, s, ¢, n} se vuelva {c, š, č, ñ} respectivamente. En este proceso podremos observar que la palatalización de dichos segmentos, al igual que el proceso de sonorización que acabamos de analizar, sirve de apoyo a una teoría autosegmental que supone una agrupación de rasgos en conjuntos funcionales. He aquí los datos:

(12)

[peht]	[yah]	[u]	—>[pehcahu]
barrer	3ª pers pl	tpo	'ellos barrieron'
[peht]	[kuy]	[tam]	—>[pehtkucam]
barrer	nom	pl	'escobas'
[¢okoy]	[tam]		—>[¢okocam]
corazón	pl		'corazones'
[sohs]	[yah]	[u]	—>[šohšahu]
cocinar	3ª pers pl	tpo	'ellos cocinaron'

zoque, veremos que ésta no se establece entre elementos sordos y sonoros, sino entre obstruyentes y sonorantes.

[7] Para el primer tipo podríamos simplemente mencionar el caso, reportado en Halle y Clements (1983: 47), de las obstruyentes en el congo de San Salvador, donde [t, s, z] —> [č, š, ž], cuando se encuentran ante la vocal i.

[y]	[so’k]			—>[šo’k]
3ª pers sing	pos zacate			‘su zacate’
[wahy]	[seh]			—>[wahšeh]
hoja	sim			‘parecido a una hoja’
[way]	[kuy]	[¢a’]		—>[wakyuča’]
moler	nom	piedra		‘metate’
[¢ɨhk]	[na’¢]	[yah]	[u]	—> [¢ɨhkna’čahu]
hacer	asustar	3ª pers pl	tpo	‘ellos asustaron’
[ten]	[yah]	[u]		—> [tañahu]
levantar	3ª pers pl	tpo		‘ellos se levantaron’
[y]	[nahs]			—> [ñahs]
3ª pers sing	pos	tierra		‘su tierra’

Los datos de 12 muestran la secuencia [+coronal] más yod, en algunos casos debido a la metátesis. En ellos, los dos segmentos funden su punto de articulación en uno solo. En términos autosegmentales, este proceso amalgama dos gradas de punto de articulación en una y se puede capturar con la siguiente regla.

(13)

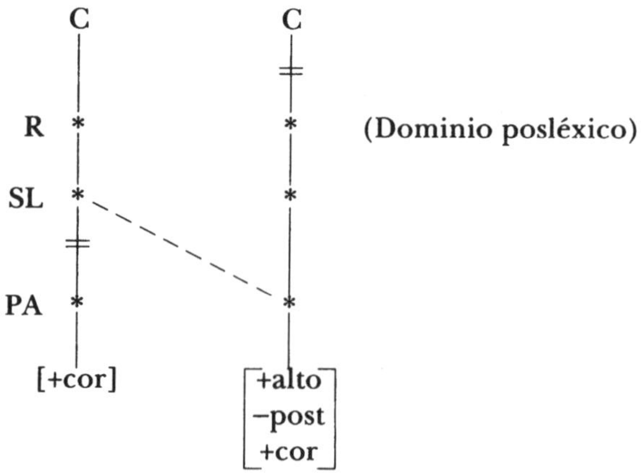

En la regla anterior, las líneas horizontales (=) indican la desasociación de los segmentos coronales de su grada de punto de articulación, y las líneas quebradas, la propagación de la grada PA de la yod; dado que la yod se elide, una vez que se ha propagado esa grada, se desasocia su nodo R de la posición C. Lo que asegura que no se realice es el llamado principio de licencia prosódica (*Prosodic licensing*), debido a Itô (1986): "All phonological units must be prosodically licensed (incorporated into higher prosodic structures)". Este principio asegura que la yod no se manifestará ya que su nodo R, que domina a todos sus rasgos, no está asociado a una grada superior.

En zoque la fusión de las gradas PA provocada por la yod se observa también con los segmentos [č] y [š] que encontramos de manera independiente:

(14)

[y]	[šapun]	—>	[šapun]
3ª pers sing pos	jabón		'su jabón'
[y]	[šoše]	—>	[šoše]
3ª pers sing pos	regalo de de Todos Santos		su regalo' (*idem*)
[y]	[čina]	—>	[čina]
3ª pers sing pos	naranja		'su naranja'

A diferencia de lo que sucede en los datos de 12, donde la yod provee con su nodo PA al segmento que le antecede, en los ejemplos de 14, la propagación de la yod se efectúa de manera vacua; su elisión, al igual que en los demás casos, está asegurada con la desasociación de su nodo R.

Este proceso de palatalización se realiza también entre palabras; ello nos autoriza a afirmar que la aplicación de la regla 13 es posléxica, como lo confirman los ejemplos que siguen.

(15)

te'tukun yɨhkpɨ —> [te'tukuñɨhkpɨ]
'los aretes son negros'

te' nahs yɨhkpɨ —> [te'nahšɨhkpɨ]
'la tierra es negra'

te' pa't yɨhkpɨ —> [te'pa'cɨhkpɨ]
'el hígado es/está negro'

te' toh¢ yɨhkpɨ —> [te'tohčɨhkpɨ]
'la lengua está negra'

Todos los ejemplos anteriores están formados por el artículo **te'**, un sustantivo: **tukun**, *aretes*, **nahs**, *tierra*, **pa't**, *hígado* y **tohȼ**, *lengua*; por el adjetivo **yɨhk**, *negro*, al cual se le ha sufijado **-pɨ** que funciona como verbalizador con el significado de *ser* o *estar*.

La aplicación de la regla de 13, produce cambios como los de la derivación siguiente:

(16)

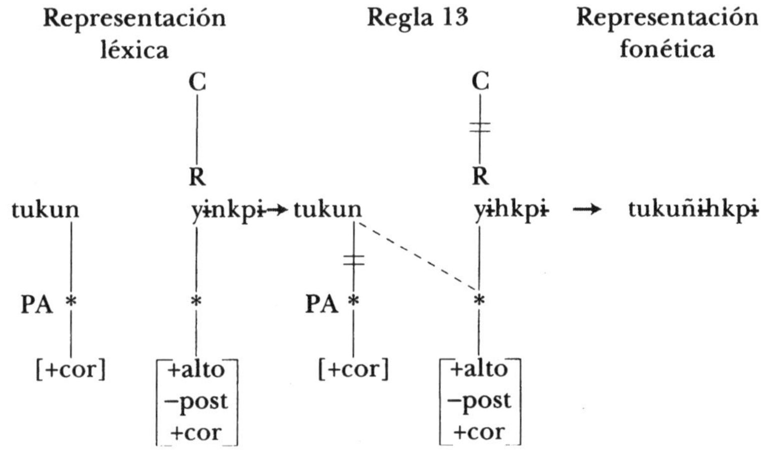

Armonía vocálica

La lengua zoque presenta en cuatro de sus sufijos vocálicos, una restricción en la coocurrencia de las vocales altas. Los sufijos armónicos se reparten de manera complementaria el rasgo relativo a la altura en función del valor [±alto] de la vocal de la base a la que se adjuntan. Los sufijos en cuestión son: el nominalizador, el de futuro, el imperativo y el de la negación en pasado. Veamos los datos en este orden.[8]

(17)

a. Nominalizador

[hay]	[V]	—> [haye]	[hay]	[u] —>	[hayu]
escribir	nom	'escritura'	*idem*	tpo	'escribió'

[8] Desde una perspectiva autosegmental, los sistemas armónicos de las lenguas han sido el punto de confluencia de muchos teóricos de los últimos años. Entre los análisis y discusiones más representativos, se encuentra Anderson (1980), Van der Hulst (1982a), Goldsmith (1985) y Kaye, Lowenstamm y Vergnaud (1985).

[na'¢]	[V]	—>	[na'¢e]	[na'¢]	[u]	—>	[na'¢u]
asustar	nom		'miedo'	*idem*	tpo		'asustó'
[we'k]	[V]	—>	[we'ke]	[we'k]	[u]	—>	[we'ku]
cercar	nom		'cerco'	*idem*	tpo		'cercó'
[¢eh¢]	[V]	—>	[¢eh¢e]	[¢eh¢]	[u]	—>	[¢eh¢u]
rasgar	nom		'rasgadura'	*idem*	tpo		'rasgó'
[pe't]	[V]	—>	[pe'te]	[pe't]	[u]	—>	[pe'tu]
trenzar	nom		'trenza'	*idem*	tpo		'trenzó'
[mon]	[V]	—>	[mone]	[mon]	[u]	—>	[monu]
envolver	nom		'envoltura'	*idem*	tpo		'envolvió'
[ko'ks]	[V]	—>	[ko'kse]	[ko'ks]	[u]	—>	[ko'ksu]
roncar	nom		'ronquido'	*idem*	tpo		'roncó'
[suh¢]	[V]	—>	[suh¢i]	[suh¢]	[u]	—>	[suh¢u]
mentir	nom		'mentira'	*idem*	tpo		'mintió'
[¢u'¢]	[V]	—>	[¢u'¢i]	[¢u'¢]	[u]	—>	[¢u'¢u]
mamar	nom		'senos'	*idem*	tpo		'mamó'
[iht]	[V]	—>	[ihti]	[iht]	[u]	—>	[ihtu]
vivir	nom		'habitante'	*idem*	tpo		'vivió'
[ko] [wiht]	[V]	—>	[kowihti]	[ko] [wiht]	[u]	—>	[kowihtu]
ajen caminar	nom		'visitante'	*idem* *idem*	tpo		'visitó'
[ɨh¢]	[V]	—>	[ɨh¢i]	[ɨh¢]	[u]	—>	[ɨh¢u]
desgranar	nom		'nixtamal'	*idem*	tpo		'desgranó'

b. Futuro (3ª pers sing)

[way]	[V]	—>	[waye]
moler	fut		'va a moler'
[hay]	[V]	—>	[haye]
escribir	fut		'va a escribir'
[kehk]	[V]	—>	[kehke]
caer	fut		'va a caer'
[eh¢]	[V]	—>	[eh¢e]
bailar	fut		'va a bailar'
[poy]	[V]	—>	[poye]
correr	fut		'va a correr'
[yohs]	[V]	—>	[yohse]
trabajar	fut		'va a trabajar'
[suhs]	[V]	—>	[suhsi]
chiflar	fut		'va a chiflar'
[tuh]	[V]	—>	[tuhi]
disparar	fut		'va a disparar'

[sihk]	[V]	—> [sihki]
reír	fut	'va a reír'
[ihs]	[V]	—> [ihsi]
mirar	fut	'va a mirar'
[wɨh¢]	[V]	—> [wɨh¢i]
peinarse	fut	'va a peinarse'
[hɨy]	[V]	—> [hɨyi]
llorar	fut	'va a llorar'

Cabe señalar que en la lengua, las formas de *b* deben ir precedidas por **maka** para marcar el futuro. Así, "va a venir" será **maka mini**. Para fines de la exposición, sólo hemos presentado la raíz verbal y el sufijo.

c. Imperativo

[way]	[V]	—> [waya]
moler	imp	'¡muele!'
[hay]	[V]	—> [haya]
escribir	imp	'¡escribe!'
[kehk]	[V]	—> [kehka]
caer	imp	'¡cáete!'
[eh¢]	[V]	—> [eh¢a]
bailar	imp	'¡baila!'
[po'ks]	[V]	—> [po'ksa]
sentarse	imp	'¡siéntate!'
[poy]	[V]	—> [poya]
correr	imp	'¡corre!'
[ku't]	[V]	—> [ku'tɨ]
comer	imp	'¡come!'
[tuh]	[V]	—> [tuhɨ]
disparar	imp	'¡dispara!'
[toto] [tu'ŋ]	[V]	—> [tototu'ŋɨ]
papel leer	imp	'¡lee!'
[min]	[V]	—> [minɨ]
venir	imp	'¡ven!'
[ihs]	[V]	—> [ihsɨ]
mirar	imp	'¡mira!'
[hɨy]	[V]	—> [hɨyɨ]
llorar	imp	'¡llora!'
[ki'm]	[V]	—> [ki'mɨ]
subir	imp	'¡sube!'

d. Negación, (3ª pers sing pasado)

[hay]	[may]	[V]	—>	[hamyaya]
neg	contar	neg		'no contó'
[hay]	[wey]	[V]	—>	[hawyeya]
neg	gritar	neg		'no gritó'
[hay]	[on]	[V]	—>	[hayona]
neg	regañar	neg		'no regañó'
[hay]	[suhs]	[V]	—>	[hašuhsɨ]
neg	chiflar	neg		'no chifló'
[hay]	[wɨhȼ]	[V]	—>	[hawyɨhȼɨ]
neg	peinarse	neg		'no se peinó'
[hay]	[min]	[V]	—>	[hamyinɨ]
neg	venir	neg		'no vino'

Los ejemplos de *d* incluyen el prefijo negativo **hay-**. Es una forma ligada pues al responder negativamente a una pregunta resulta agramatical utilizarla: i.e. **minɨ** "¡ven!" ***hay** "no"; para ello se utiliza la forma libre **hi'n**. En estos ejemplos se ha marcado la metátesis de yod y la respectiva palatalización que provoca en [s].

En los ejemplos de 17 (*a-d*), se puede observar que las seis vocales de la lengua ocurren sin restricción en las bases, mientras que los sufijos alternan entre **i/e** para la formación de nombres y el futuro, y **ɨ/a** en el caso del imperativo y la negación en pasado. En términos de Anderson (1980) se trata de una armonía vocálica dominada por la raíz ya que el control lo ejerce la última vocal de la base. La restricción de coocurrencia del rasgo [+alto] está determinada por el valor del rasgo del contexto: /a/ y /e/ ocurren cuando la vocal que les antecede es {a, e, o}, es decir, sucede tanto con vocales medias como con bajas, mientras que /ɨ/ e /i/ sólo suceden con vocales altas. Esta distribución sugiere que la vocal de la alternancia i/e es /e/, mientras que la que alterna entre [a] y [ɨ] es /a/. Para dar cuenta del proceso en el marco autosegmental y mostrar que se trata de un proceso de propagación, retomaremos la teoría de la subespecificación, cuyos principios fueron enunciados en el capítulo I.

Las vocales del zoque, repetidas en 18, muestran una oposición de los rasgos [+alto], [+posterior] y [+redondeado].

(18)

	i	e	ɨ	a	u	o
alto	+	−	+	−	+	−
post	−	−	+	+	+	+
red	−	−	−	−	+	+

Si dejamos que las reglas de especificación de 19 introduzcan los valores no marcados, el cuadro de 18 queda como en 20.

(19)

[ ] —> [–alto]
[ ] —> [–post]
[ ] —> [–red]

(20)

	i	e	ɨ	a	u	o
alto	+		+		+	
post			+	+	+	+
red					+	+

La regla de propagación tendrá la forma siguiente:

(21)

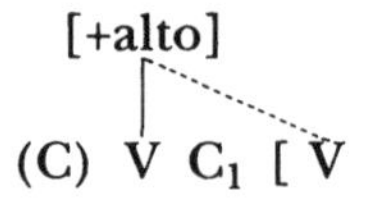

Esta regla actuará en las representaciones subespecificadas de las vocales, según el cuadro de 20, y posteriormente las reglas de especificación introducirán los valores no marcados. Veamos las derivaciones de **huhki**, *cigarro*; **waye**, *masa*, y las formas del imperativo de *subir* y *caer*: **ki'mɨ** y **keka**, respectivamente.

(22)

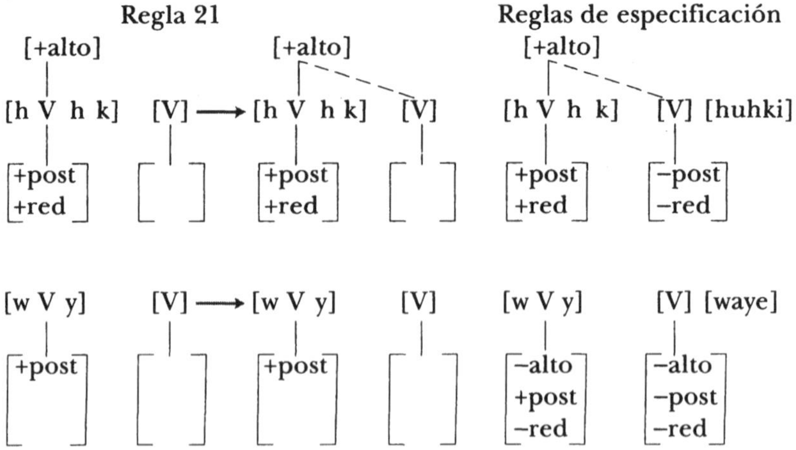

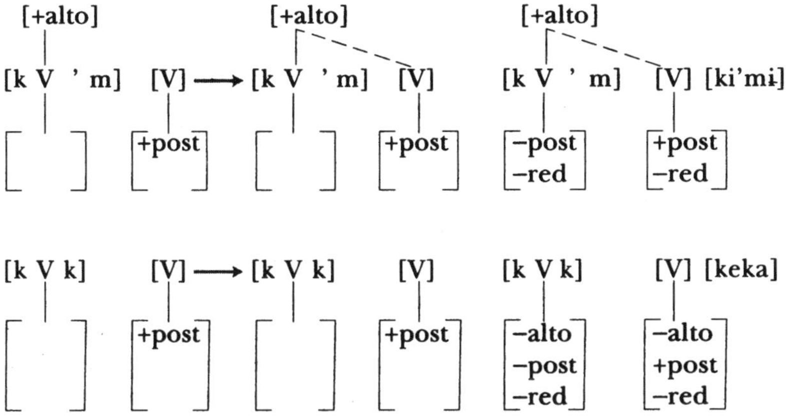

Las derivaciones que se ofrecen en 22 requieren un comentario pues al parecer no se ajustan a la Condición de Localidad que rige a toda representación fonológica. De acuerdo a esta condición, el segmento que desencadena el proceso y el que lo sufre deben ser adyacentes (Archangeli y Pulleyblank, 1986: 20). Sin embargo, a pesar de que entre la vocal de la base y la del sufijo no hay una contigüidad segmental, la violación a la Localidad es sólo aparente, ya que en una representación autosegmental, depende de la grada pertinente en el proceso. En efecto, cuando las vocales se asignan a sus respectivos núcleos silábicos, como en la representación de 23, el núcleo formado por la vocal de la base es contiguo con el núcleo del sufijo. Por ello, aunque entre los dos segmentos se interpongan una o más consonantes, la propagación del rasgo [+alto] se realiza de un núcleo a otro núcleo contiguo.

(23)

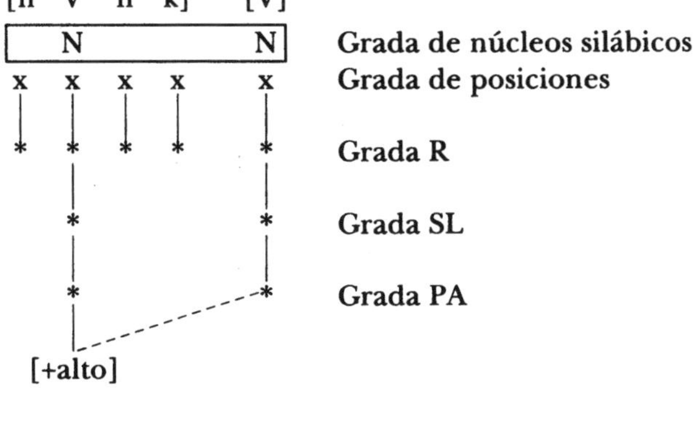

Por el acceso que tiene a la información morfológica, la regla de 21 se aplica en el módulo léxico; más particularmente, diremos que tiene al estrato 1 y 3 como dominio de aplicación. En el apartado que trata sobre los juicios de los hablantes, presentaremos evidencia adicional para afirmar que el proceso de armonía vocálica es léxico.

Propagación vocálica

El formalismo desarrollado hasta ahora, en el tratamiento de la armonía vocálica, sirve como base en el análisis de un proceso adicional que afecta a las vocales de la lengua. Nos referimos al fenómeno de copia vocálica, en el cual las vocales de dos sufijos están determinadas, en los rasgos del nodo PA, por la vocal inmediatamente anterior; al igual que en la armonía vocálica, este proceso tiene lugar en el módulo léxico, como se observa en los datos siguientes, sucede en el estrato de la composición y en el de la flexión.[9]

(24)

[tɨhk]	[V]	[we'ke]	—>	tɨhkɨwe'ke
casa	vocEn	ceto		'ceto de la casa'
[kuy]	[V]	[ahy]	—>	kuyu'ahy
árbol	vocEn	hoja		'hoja del árbol'
[kuy]	[V]	[akmaŋ]	—>	kuyu'akmaŋ
árbol	vocEn	rama		'rama del árbol'
[kaŋ]	[V]	[kačus]	—>	kaŋakačus
tigre	vocEn	uña		'uña del tigre'
[mohk]	[V]	[wa'ȼi]	—>	mohkowa'ȼi
maíz	vocEn	raíz		'raíz del maíz'
[mohk]	[V]	[hɨyɨ]	—>	[mohkohɨyɨ]
maíz	vocEn	flor		'espiga de maíz'

(25)

a.	[huhku]	[Vm]	—>	huhku'um
	fumó	asp		'ya fumó'
	[muhspa]	[Vm]	—>	muhspa'am
	sabe	asp		'ya sabe'
	[muhsu]	[Vm]	—>	muhsu'um
	supo	asp		'ya supo'

[9] En estos datos, una regla diferente es la responsable de la inserción de /'/ entre dos vocales. Esta inserción se estudia en el apartado sobre la sílaba.

	[eh¢pa]	[Vm] —>	eh¢pa'am
	baila	asp	'ya baila'
b.	[home]	[Vm] —>	home'em
	nuevo	asp	'ya es nuevo'
	[ponon]	[Vm] —>	pononom
	blando	asp	'ya está blando'
	[suñi]	[Vm] —>	suñi'im
	bonita	asp	'ya está bonita'

Los ejemplos de 24 son una muestra representativa del proceso morfológico de composición del tipo N —> N N; en él hay un sufijo vocálico de enlace entre los dos nombres que indica la parte de un todo; en 25 presentamos ejemplos de flexión verbal con el sufijo perfectivo **-Vm**, *ya*, que forma parte del conjunto de sufijos del estrato de flexión II. Este sufijo perfectivo aparece, sistemáticamente, después de los sufijos temporales **-u** y **-pa** (25*a*); tiene además la propiedad de adjuntarse a bases adjetivas (25*b*). A diferencia de la armonía vocálica, en este fenómeno, tanto la vocal de enlace, como la del sufijo **-Vm**, son el blanco de una propagación, no de un solo rasgo, sino del nodo PA en su totalidad. La regla responsable tendrá la forma de 26.

(26)

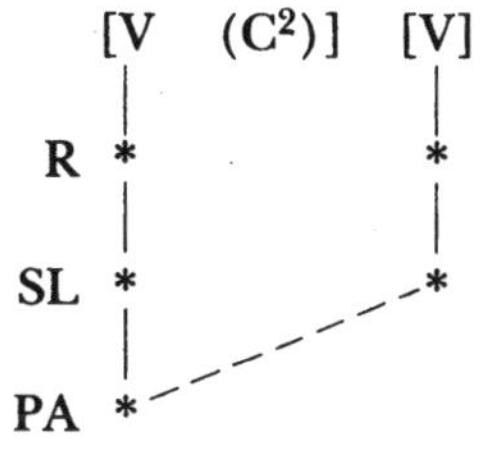

Nótese que 26 no es una regla que incluye, para el elemento blanco del proceso, una desasociación y una propagación del nodo PA del elemento precedente; en la medida en que las vocales afectadas siempre son iguales a la inmediatamente anterior, el proceso requiere de una regla que suministre al segmento los valores del nodo no especificado. La regla de 26 tendrá pues el efecto de propagar, de izquierda a derecha, los rasgos agrupados en el nodo PA; con ello, la vocal de sendos sufijos resultará idéntica a la última del ítem que les sirve de base. Enseguida mostramos el proceso con la derivación de **kuyu'ahy**, *hoja del árbol* y **home'em**, *ya es nuevo.* (Se abrevia alto = a, posterior = p, redondeado = r.)

(27)

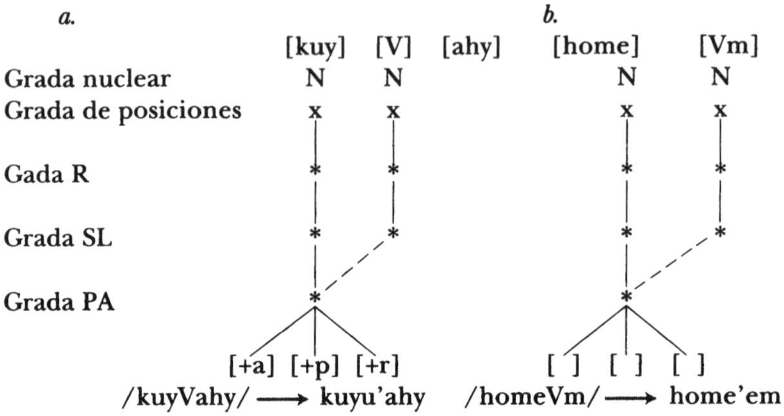

Los ejemplos de 27 se han elegido con el fin de mostrar la relación entre regla fonológica y reglas de especificación. En 27*a*, se trata de la propagación de la vocal /u/ —la menos subespecificada— y en 27*b*, de /e/, —la más subespecificada—. Dado que la regla de 26 actúa en el estrato de la composición, estrato 2, y en el de la flexión II, estrato 4, las reglas de especificación intervendrán sólo después de que la regla fonológica haya hecho sus efectos.

Este proceso de copia vocálica pone de manifiesto el aspecto modular de la fonología léxica. En efecto, en la medida en que las reglas fonológicas forman un componente único, el modelo permite, sin estipulación, que puedan actuar en más de un estrato (cf. Kiparsky, 1985; Mohanan, 1986: 44). Dado que las reglas no pertenecen al estrato en el que actúan, cuando se tiene una regla como la de 26, la restricción que impone el modelo se refiere a la contigüidad de los estratos-dominio de la regla (Mohanan, 1986: 42 y ss.). Dicho de otra manera, si el dominio de aplicación de nuestra regla es el estrato 2 y el 4, necesariamente deberá actuar en el estrato 3, donde tiene lugar la flexión I. Ahora bien, de los procesos morfológicos que tienen lugar en el estrato 3, sólo el sufijo temporal **-u** podría satisfacer el contexto del proceso. Sin embargo, nuestra regla no podrá propagarle el nodo PA, debido a que **-u**, a diferencia de **-V** y de **-Vm**, no está desprovisto del nodo PA.

(28)

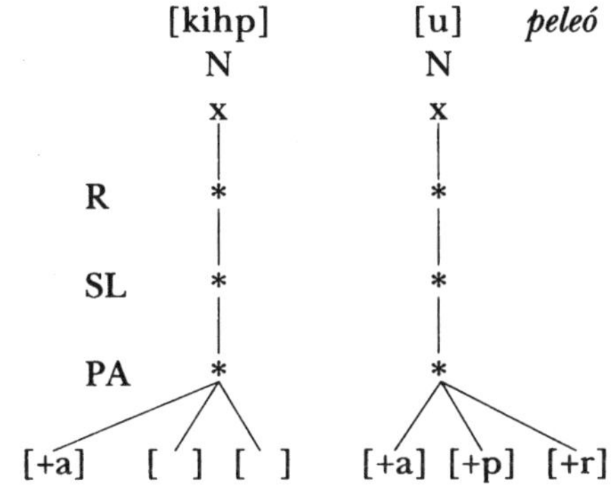

En la representación de **-u**, en 28, se aprecia que la regla de 26 está imposibilitada para actuar debido a que no puede propagar el nodo PA sobre un segmento portador de dichas especificaciones; en este sentido, la aplicación de 26 no infringe la restricción de contigüidad de los estratos del léxico; podrá incluir al estrato 3 en su dominio de aplicación, sin que por ello produzca resultados incorrectos en la lengua: simplemente no tendrá la oportunidad de actuar, ya sea porque los ítem morfológicos no satisfacen su descripción estructural, o porque el elemento susceptible de modificarse, es decir, el sufijo **-u**, posee las especificaciones de los rasgos que propaga la regla.

En suma, diremos que entre los dos procesos de propagación vocálica hay semejanzas y diferencias que saltan a la vista: ambos tienen la misma direccionalidad; en los dos, la grada pertinente para la contigüidad es la de los núcleos silábicos y por último, uno y otro requieren una regla que provea los rasgos no especificados. El punto en el que desemejan es la grada que se propaga; en la armonía vocálica está presente el rasgo [+alto], mientras que en la copia vocálica, se trata del nodo PA.

Más sobre propagación: el caso de la nasalidad

El zoque presenta un proceso de propagación del rasgo [+nasal], desencadenado por el prefijo de 1ª/2ª pers, sing, pos, suj. Dicho morfema se manifiesta como una nasalización de los segmentos [+sonorantes]; con el conjunto de segmentos [–continuo] presenta el mismo punto de articulación y provoca su sonorización y frente al grupo de segmentos [+continuo] no deja rastro alguno. Veamos los datos, considérese las formas de sustantivos con un poseedor de 1ª/2ª/pers, sing.

(29)

		Formas nominales	Formas poseídas 1ª y 2ª pers, sing.
A	*a.*	haya 'esposo'	h̃ãỹã
	b.	'ane 'tortilla'	'ãnẽ
	c.	waye 'masa'	w̃ãỹẽ
	d.	yuwi 'rozadura'	ỹũw̃ĩ
	e.	nɨyi 'nombre'	nɨ̃ỹĩ
	f.	niwi 'chile'	nĩwĩ
	g.	we'ni 'avispa'	w̃ẽ'nĩ
B	*a.*	he'pe 'ixtle'	h̃ẽ'pe
	b.	ho'tɨhk 'gancho'	h̃õ'tɨhk
	c.	we'ke 'ceto'	w̃ẽ'ke
	d.	wɨ¢kuy 'peine'	w̃ɨ̃¢kuy
	e.	yohskuy 'trabajo'	ỹõh̃skuy
	f.	yamohk 'elote'	ỹãmõh̃k
	g.	ma¢a 'estrella'	mã¢a
C	*a.*	poki 'rodilla'	mboki
	b.	tɨhk 'casa'	ndɨhk
	c.	kačus 'uña'	ŋgačus
	d.	¢okoy 'corazón'	nžokoy
	e.	čina 'naranja'	nǰina

D	*a.* suni 'deseo'	suni
	b. sapne 'plátano'	sapne
	c. sihs 'carne'	sihs
	d. šapun 'jabón'	šapun
	e. šoše 'regalo de Todos Santos'	šoše

El mismo comportamiento que se observa en las formas nominales de 29, también ocurre con los verbos transitivos para marcar las mismas personas.

(30)

		Sujeto de 1ª/2ª pers, sing.
A	*a.* huyu 'compró'	h̃ũỹũ
	b. yu'yu 'secó'	ỹũ'ỹũ
	c. ne'ahu 'apoderarse de algo'	nẽ'ãh̃ũ
B	*a.* wi'ku 'comió'	w̃ĩ'ku
C	*a.* po'¢u 'montó a caballo'	mbo'¢u
	b. tuhku 'cortó'	nduhku
	c. ku'tu 'comió'	ŋgu'tu
	d. ¢iku 'mojó'	nžiku
D	*a.* sohsu 'cocinó'	sohsu
	b. sehku 'regó'	sehku

Para el conjunto de ejemplos de 30 no hemos encontrado verbos que inicien con [č], ni con [š] a los cuales se les pueda adjuntar este prefijo; dichos segmentos, en esa posición, son el resultado de la palatalización de las coronales ante yod: así sucede con **[y][ȼiku]** —> **čiku**, *él lo mojó* y **[y][sutu]** —> **šutu**, *él lo quiso,* donde la metátesis ha sido previa a la palatalización.

Conviene señalar que la ambigüedad que resulta entre la 1ª y la 2ª persona se resuelve, en la lengua, con la utilización de los pronombres independientes **ɨh** y **mih** respectivamente y el clítico **-'ȼi**, como se muestra enseguida:

(31)

ɨh	mboki	
'mi	rodilla'	
mih	mboki	
'tu	rodilla'	
ɨh	h̃ũh̃ku'ȼi	te' ta'ni
'yo	fumé	mariguana'
mih	h̃ũh̃ku	te' ta'ni
'tú	fumaste	mariguana'
ɨh	sihs	
'mi	carne'	
mih	sihs	
'tu	carne'	
ɨh	sohsu'ȼi	te' koke
'yo	cociné	el pescado'
mih	sohsu	te' koke
'tú	cocinaste el	pescado'

Hemos omitido esta información en nuestros ejemplos pues sólo nos interesa poner de relieve el comportamiento fonológico del prefijo. Los datos de 29 y 30, muestran las diferentes realizaciones del prefijo. En las formas de A, la nasalización cubre a toda la palabra cuando ésta incluye sólo segmentos del grupo {V, h, ', w, y, N}. En 29 y 30B el fenómeno se realiza desde el inicio de la palabra y se detiene cuando encuentra cualquier segmento del grupo {p,t,k,s,ȼ,č}. Los ejemplos de 29 y 30C muestran un prefijo que además de sonorizar, tiene el mismo punto de articulación que la consonante inicial, si ésta es una oclusiva o una africada; y por último, los datos de 29 y 30D nos señalan la ausencia de cualquier elemento nasal cuando la palabra se inicia con una fricativa.

Podemos resumir el proceso como sigue: el morfema en cuestión es un autosegmento nasal flotante que nasaliza a los segmentos sonorantes y se propaga sobre los [–continuo] creando consonantes prenasalizadas; la sonorización resultante, más que ser una regla particular, encuentra su explicación en la teoría de la subespecificación.[10] Asimismo, la ausencia de cualquier nasalidad frente a los segmentos [+continuo] es el resultado, no de reglas, sino de la estructura de las representaciones fonológicas. En su totalidad, el proceso es de gran importancia para la teoría fonológica autosegmental; muestra la elección que hace la lengua de parámetros de la gramática universal y pone en juego la estructura de las representaciones fonológicas y los principios que las rigen.

Este proceso, observado en Wonderly (1951b: 107), ha sido analizado en Kenstowicz y Kisseberth (1979: 35-36), Dell (1985: 114-122) y en el marco autosegmental, en Sagey (1986: 94) y Archangeli y Pulleyblank (1986: 26). La interpretación que ha recibido no lo considera a la luz de un análisis más amplio de la lengua, es fragmentaria y reduccionista. Por ello, conviene discutir brevemente lo que se ha dicho al respecto.

Los cambios fonológicos que hemos observado, no son privativos de la variante de Chapultenango; también suceden en el zoque de Copainalá, en el de Tapalapa, en el de Texistepec y de manera sorprendente se aprecia en la variante de Francisco León.[11]

Wonderly (1951b: 107) señala para la variante de Copainalá que los segmentos {w, h, y} se nasalizan cuando se trata del posesivo. Dell (1985: 122-123) basado en Wonderly, aunque se percata del proceso lo minimiza cuando afirma que:

> il y a gros à parier que l'abaissement du voile du palais ne cesse pas dès la fin du glide nasal, mais se mantient durant l'émission de la voyelle suivante [. . .]. Mais il s'agit là d'un ajustement phonétique qui ne doit pas figurer dans les représentations phonétiques.

En los estudios más actuales se analiza sólo parte del problema. Sagey (1986) y Archangeli y Pulleyblank (1986) analizan sólo la asimilación del prefijo y la sonorización de las obstruyentes.[12] Esta parcialización del problema hace que ambos autores propongan una solución que difiere sustancialmente de la nuestra. En efecto, el prefijo, para ellos, no es un autosegmento flotante, sino un segmento con su respectivo lugar en la grada de las posi-

[10] Las entidades flotantes fueron sistematizadas por Goldsmith (1979: 45-46), para dar cuenta de ciertos procesos fonológicos del igbo que son puramente tonales. Son elementos que se desasocian, o que no están asociados y que a lo largo de la derivación se "anclan" en los segmentos transmitiéndoles su especificación, o interactúan con otros rasgos o segmentos.

[11] Para el zoque de Francisco León y el de Texistepec, véase Engel y Engel (1987) y Clark y Nordell (ms. 1982).

[12] También Kenstowicz y Kisseberth (1979) analizan sólo estas dos manifestaciones del proceso.

ciones. Así, siguiendo el tono de su análisis, los dos procesos mencionados requerirían dos reglas como las siguientes:

(32)

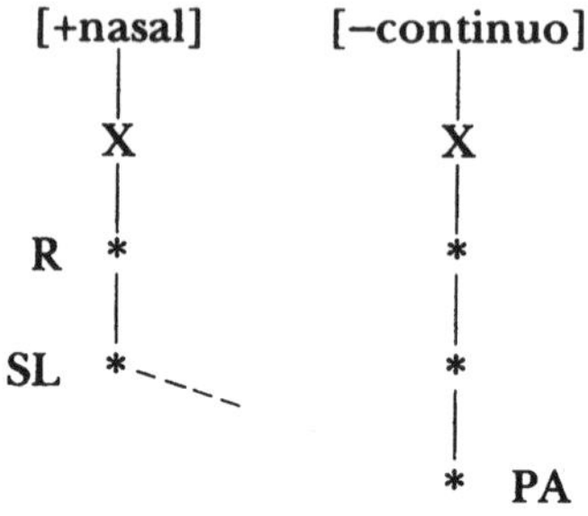

(33)

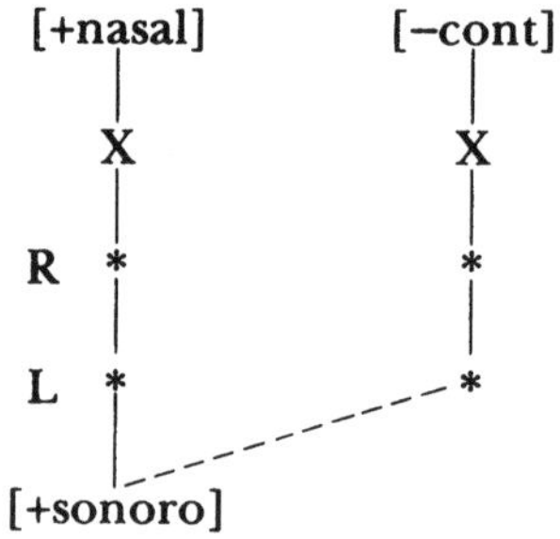

La regla de 32 da cuenta de la asimilación del prefijo y la de 33 de la sonorización de los segmentos [−continuo]. Aunque este análisis da cuenta de lo que sucede ante las fricativas, ya que las dos reglas involucran sólo a los segmentos [−continuo], se vuelve muy costoso cuando se analiza el problema en su totalidad. En efecto, siguiendo esta pauta, la nasalización de las sonorantes requeriría una regla adicional como la de 34.

(34)

Esta regla, en una relación de contra-sangrado, actuaría después de las de 32 y 33 elidiendo el prefijo. Posteriormente, el análisis deberá plantear que una vez elidido, el rasgo [+nasal] se vuelve un autosegmento flotante que pervive en las sonorantes. Este análisis se revela inoperante; además del número de reglas que requiere, da un paso innecesario para llegar al autosegmento flotante, es decir, para situarse en nuestro punto de partida.[13]

El análisis que nosotros propondremos pretende explicar el fenómeno en su conjunto; se apoya además en la evidencia interna y externa de la lengua y es menos costoso. Así pues, en su desarrollo procederemos como sigue: primero discutiremos la presencia *versus* ausencia de la nasalidad en las obstruyentes, mostrando cómo, con base en la estructura de las representaciones fonológicas, se explica la ausencia de este rasgo en las fricativas; enseguida analizaremos la evidencia que apoya los segmentos prenasalizados y por último, el análisis de la nasalización aclarará la estructura de los segmentos involucrados en el proceso, a saber:

— Segmento que desencadena la armonía
— Segmentos que son el blanco de la nasalización
— Segmentos que la bloquean
— Segmentos que son transparentes al proceso

Ya hemos visto, en los ejemplos de 29 y 30 (C y D) que el prefijo se manifiesta de manera complementaria con las obstruyentes: está presente en las oclusivas y ausente en las fricativas. Podríamos preguntarnos por qué no se incluyen éstas en el proceso, o bien, por qué no se excluyen de él también las africadas. Sabemos que en la producción de las africadas [ȼ] y [č] se distinguen dos momentos: uno de oclusión y otro de fricción; en términos de Catford (1977: 211) una africada es la secuencia de una oclusiva y una fricativa homorgánica que funciona como un solo segmento.[14] Por ello, con base en el valor [−] del rasgo [continuo], las africadas del zoque podrían formar una clase con {p,t,k}, pero también podrían agruparse con {s,š} por el valor [+] del mismo rasgo. En una representación autosegmental, [ȼ] y [č] son segmentos complejos en cuya estructura el rasgo [continuo] tiene valores opuestos. La representación de las oclusivas, las africadas y las fricativas será pues como en 35, 36 y 37, respectivamente.

[13] Del análisis de los segmentos prenasalizados se pueden inferir más argumentos en pro del autosegmento flotante.

[14] Para los problemas que han representado las africadas, véase St Clair (1973), donde se señalan las ventajas de considerarlas como segmentos complejos. Otro interesante artículo es el de Campbell (1974), donde la autora ofrece una crítica a la teoría fonológica de SPE, señalando sus limitaciones para caracterizar los dos momentos de las africadas.

(35)

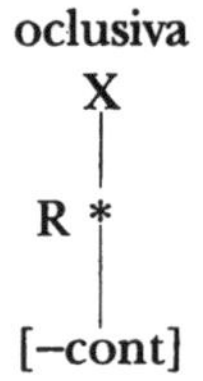

(36)

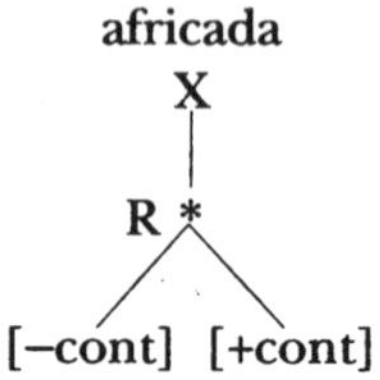

(37)

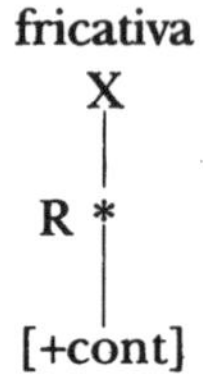

Su inclusión en el grupo de las oclusivas se deriva de las propiedades de las representaciones, es decir, [¢] y [č] figuran en el proceso debido a lo que Sagey (1986: 50) y Archangeli y Pulleyblank (1986: 26) llaman efecto de orilla (*edge-effect*); como se aprecia en la representación de 35, el valor [−continuo] que define a {p, t, k}, en {¢, č} (36), antecede al [+continuo] y es el que hace posible que estas últimas funcionen como oclusivas. La regla responsable de la propagación será como sigue:

(38)

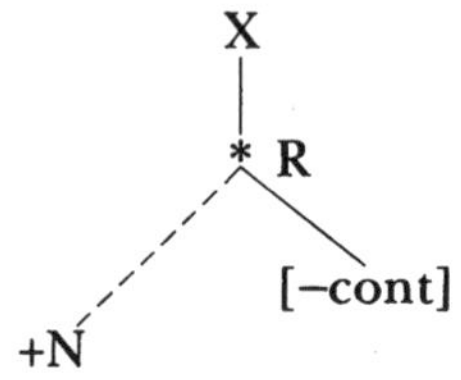

Esta regla tiene el efecto de anclar el autosegmento flotante sobre los segmentos con el valor [−] para el rasgo continuo. Veamos su funcionamiento. (Se abrevia continuo = c).[15]

(39)

a.

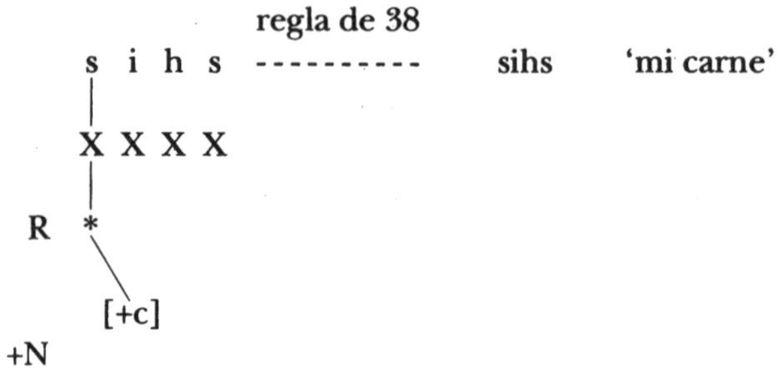

[15] En estas derivaciones no se marca la sonorización de las oclusivas y las africadas; de ello nos ocuparemos más adelante.

b.

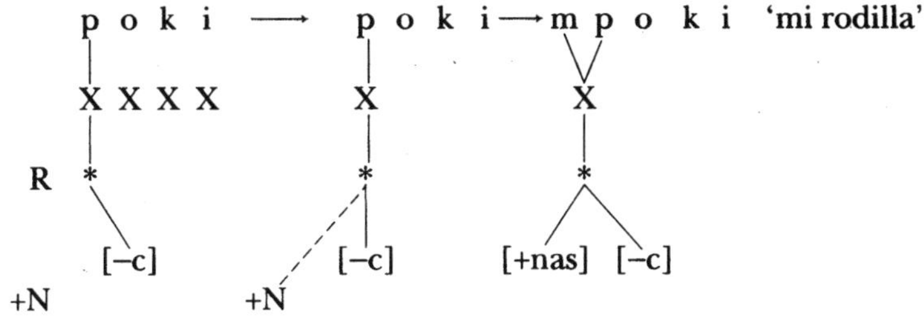

c.

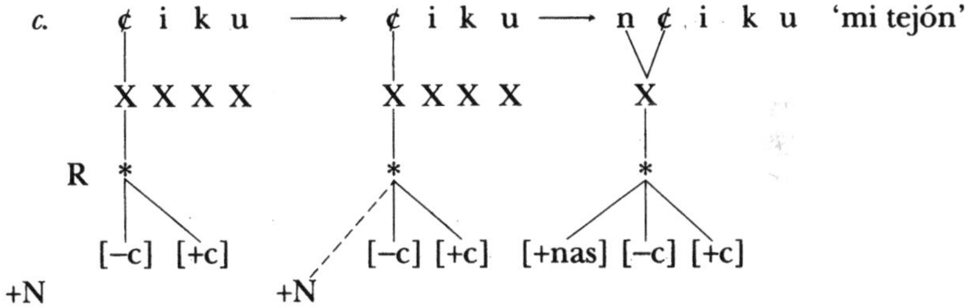

Aunque parciales, las representaciones de 39 (*b* y *c*) intentan mostrar que al anclarse sobre la consonante, el autosegmento flotante la dota del rasgo [+nasal], de lo cual resulta un segmento prenasalizado cuya estructura es como en 40.

(40)

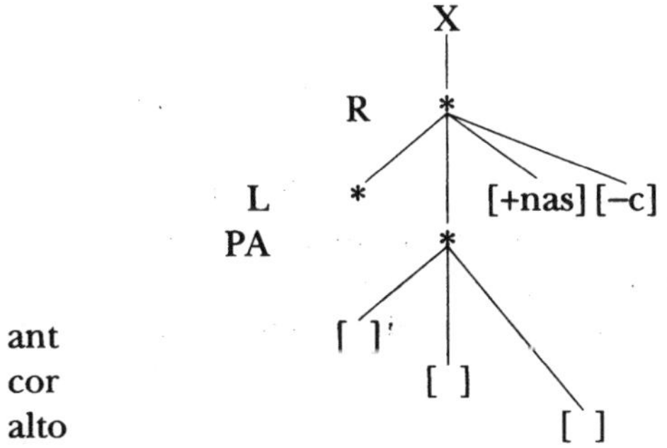

Dicha estructura explica, de manera natural, por qué el punto de articulación del prefijo y el de la consonante son iguales; en tanto segmentos complejos ocupan una sola posición en la grada de las X, por ende el nodo PA es uno y el mismo.

Uno de los argumentos que apoyan el análisis de 40 proviene del comportamiento de nuestro prefijo nasal, en relación con la metátesis de yod. He aquí algunos datos:

(41)

a.	[y]	[poki]	—>	pyoki
	pos. sing.			'su rodilla'
	[wi'kuy] [kɨ¢]	[tɨhk]	—>	wi'kukyɨ¢tɨhk
	comida agarrar	nom		'cuchara'
	[y]	[huki]	—>	hyuki
	pos. sing.	cigarro		'su cigarro'
	[y]	[wɨ¢kuy]	—>	wyɨ¢kuy
	pos. sing.	peine		'su peine'
b.	[¢okoy]	[tam]	—>	¢okocam
	corazón	pl		'corazones'
	[y]	[¢ika]	—>	čika
	pos. sing.	olla		'su olla'
	[y]	[sihs]	—>	šihs
	pos. sing.	carne		'su carne'
	[y]	[nahs]	—>	ñahs
	pos. sing.	tierra		'su tierra'

Estos ejemplos ilustran un proceso completamente regular en la lengua, en el cual toda secuencia **yC** que resulta de las operaciones morfológicas, se vuelve **Cy**. Sin embargo, aunque se trata de un fenómeno sin excepción, la metátesis es un proceso del módulo léxico pues no ocurre entre palabras:

(42)

te' ha¢kuy mahapɨ
'la deuda es grande'

te' wi'kuy hene ombɨ
'la comida está sabrosa'

La relación entre ambos procesos se manifiesta de la siguiente manera. En zoque la negación en pasado consiste de un morfema discontinuo formado por el prefijo **hay-** y un sufijo vocálico, **-i/a**, sujeto al proceso de armonía vocálica. En una base intransitiva como **ka'**, *morir*, que no admite el prefijo nasal, la negación se afija directamente a la base verbal:

(43)
[hay] [k a'] [a] —> hakya'a

Pero cuando se trata de una base transitiva como **po'¢-**, *montar a caballo*, el prefijo es obligatorio. En estos casos el resultado es revelador:

(44)
[hay] [N] [po'¢a] —> hampyo'¢a

Si nuestro análisis fuera incorrecto, es decir, si el prefijo nasal y la consonante fueran una secuencia homorgánica, entonces ¿por qué en 44 la yod no palataliza a la nasal dando como resultado ***hañbo'¢a**? y aún más, ¿cómo explicar que la yod se mueva dos posiciones?

El análisis que proponemos puede responder a estas cuestiones sin tropiezos. La causa del aparente doble desplazamiento de la yod y la no palatalización es la misma. La estructura de 40, repetida en 45 explica, casi por sí sola, los hechos:

(45)

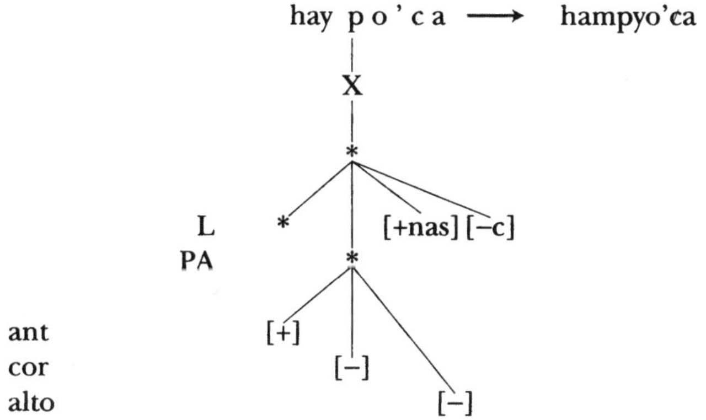

La yod no se mueve dos posiciones, sino una sola y es evidente que no palatalice a ningún elemento nasal pues éste forma un solo segmento con la [p].

A lo anterior podemos agregar la evidencia que proporciona la estructura silábica de la lengua.[16] En zoque, las únicas secuencias de dos consonantes, en posición de inicio, siempre se forman con este prefijo y la consonante [–continua]; en su mayor parte, ocurren a principio de palabra; como en **mboki** —> **mbo.ki**, *mi rodilla*. Cuando dicha secuencia se encuentra enmedio de la palabra, y no es resultado de la prefijación, como por ejemplo, en **kanǰi**, *guajolote*, la secuencia se separa en **kan.ǰi**, dejando a [n] en la coda y a [ǰ] en el inicio. Dar cuenta de tal característica incrementaría el costo de la gramática. Se pueden simplificar los inicios a una sola posición asumiendo la estructura de 40. Aún más, de no ser así, tendríamos el problema adicional que representa la violación de [n] a la escala de sonoridad ya que como segmento independiente provocaría que los inicios de principio de palabra tuvieran un movimiento de disminución, es decir, irían de un segmento de mayor sonoridad a otro de menos sonoridad, en lugar de tener el aumento esperado.[17]

Respecto a lo que hemos dicho de la sílaba, quizás se podría argumentar que sólo hemos desplazado el problema pues al simplificar la estructura silábica asumimos la existencia de segmentos prenasalizados debidos únicamente a este prefijo. Sin embargo esto no es así, hemos reunido datos de la variante de Francisco León que muestran la capacidad del prefijo para crear tales segmentos en el interior de la palabra.[18]

(46)

apiht	—>	ãmbiht
espina		'mi espina'
wi'kuy	—>	w̃ĩ'ŋguy
comida		'mi comida'
wi't	—>	w̃ĩ'ndu
cerrar con llave		'yo cerré con llave'

La prueba de que se trata de un solo segmento la proporciona la división silábica de las formas prefijadas de 46. En efecto, **ãmbiht, w̃ĩ'ŋguy** y **w̃ĩ'ndu** se separan como **ã.mbiht, w̃ĩ'.ŋguy, w̃ĩ'.ndu**, respectivamente.

En suma, la explicación de la metátesis, la estructura silábica y la manifestación del proceso en la variante citada, apoyan ampliamente nuestro

[16] Aquí sólo hablaremos de los aspectos relacionados con los segmentos prenasalizados; las características de la sílaba se examinan en el apartado correspondiente.

[17] En la sección sobre silabificación hablaremos más al respecto.

[18] El proceso se encuentra registrado en Engel y Engel (1987: 334-335). Quiero agradecer a la señora Paulina Hernández el haberme facilitado los datos. En esta variante, las otras manifestaciones del prefijo son las mismas que las señaladas en nuestra variante de estudio.

análisis. Sólo requerimos un pequeño ajuste a la regla de 38, para evitar la propagación dentro de la palabra.[19]

(47)

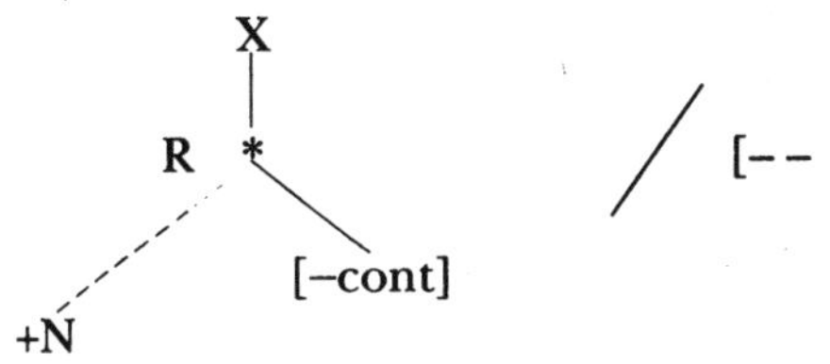

Para concluir esta parte del análisis, queda por tratar la sonorización de las consonantes prenasalizadas. En zoque, la serie de nasales no presenta una oposición entre el valor [+] o [−] para el rasgo sonoro; el valor [+sonoro] no es contrastivo y por ende puede ser proporcionado por una regla como la de 48.

(48)

[+nasal] —> [+sonoro]

La regla anterior proveerá la especificación [+son] a los segmentos portadores del rasgo [+nasal], después de que haya actuado la regla de 47; actuará en el módulo posléxico, en representaciones como las siguientes:

(49)

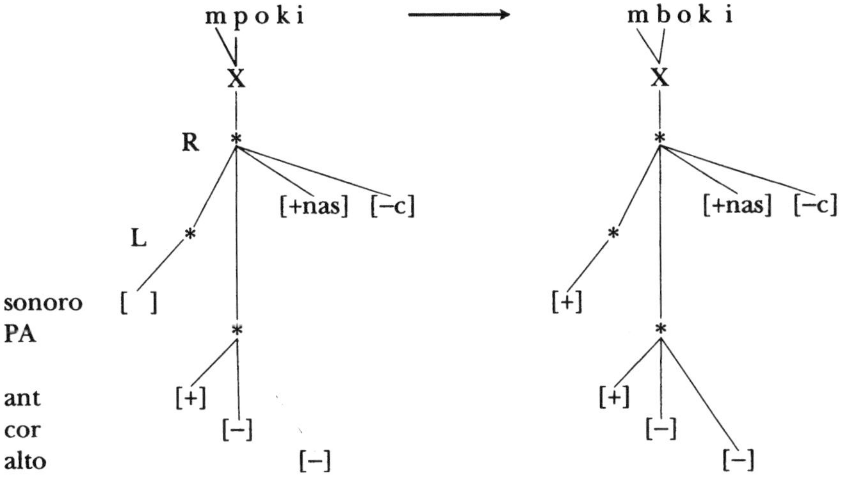

[19] Sobra decir que para la variante de Francisco León, la regla de 47 carecerá del contexto / [—.

Hasta el momento, hemos dado respuesta a tres aspectos del proceso: ausencia de nasalidad, sonorización y homorganicidad entre el prefijo y los elementos [–cont]. Queda por tratar la nasalización que provoca el prefijo sobre la palabra que contiene segmentos del grupo { V, h, ', w, y }. De este conjunto, no todos los segmentos tienen el mismo papel en el proceso, como lo muestran los datos de 29 y 30, las nasales, aunque portadoras del mismo rasgo que se propaga, permiten que el autosegmento flotante nasalice los demás segmentos; {V, w, y, h} son los segmentos blanco del proceso y {'} es un elemento claramente transparente, pero por razones distintas que las nasales. Esta característica de los segmentos involucrados incide en un punto medular de las discusiones actuales de la teoría fonológica; genera reflexiones que se pueden sumar a las de McCarthy (1988) y Piggott (1987, 1989) sobre la necesidad de dotar al rasgo [nasal] de una autonomía propia. En efecto, en la organización de rasgos, la especificación [nasal], junto con [continuo] y [consonántico], forman parte del nodo MA; sin embargo, Clements (1985: 241) le dio ese lugar provisionalmente, "en espera de evidencia decisiva posterior". El valor empírico de la geometría de rasgos, se finca en que su estructura en nodos captura el comportamiento de los rasgos respecto a los procesos fonológicos, pero mientras los nodos PA y L reflejan esa coherencia, el nodo MA agrupa al rasgo [nasal] y éste no actúa junto con [continuo], ni [consonántico], sino que se comporta de manera independiente.[20] La existencia de las armonías nasales, más aún, la existencia de autosegmentos flotantes y los fenómenos de desnasalización, sugieren que tiene un estatus distinto de los demás rasgos del nodo MA.[21] Dicho en términos autosegmentales, su capacidad para propagarse, o para desasociarse, son piezas decisivas para afirmar su autonomía.

Ahora bien, el sistema del zoque resulta interesante porque en él se presentan procesos adicionales que involucran a las nasales. Efectivamente, además de la armonía nasal del prefijo, la lengua tiene dos procesos de desnasalización: en uno de ellos, {m, n, ŋ} —> {p, t, k}, y en el otro, {m, n, ŋ} —> {b, d, g} como se muestra en 50.

(50)	*a.*	[kom]	[omo]	—>	komomo	kop
		horcón	loc		'en el horcón'	'horcón'
		[win]	[ɨy] [u]	—>	winɨyu	wit
		punta	vbz tpo		'tuvo punta'	'punta'

[20] En McCarthy (1988) se ofrece una brillante demostración de la validez empírica de los nodos PA y L y de la independencia de los rasgos que forman el nodo MA.

[21] Dentro de la bibliografía más reciente sobre esos fenómenos, se encuentra Hyman (1982), Van der Hulst y Smith (1982a), Hayes (1986), Piggott (1987, 1989), entre otros.

	[kaŋ]	[ah] [u]	—>	kaŋahu	kak
	tigre	vbz tpo		'se volvió tigre'	'tigre'
b.	[kom]	[tam]	—>	kobdam	
	horcón	pl		'horcones'	
	[win]	[pahk]	—>	widbahk	
	punta	hueso		'frente'	
	[kaŋ]	[tam]	—>	kagdam	
	tigre	pl		'tigres'	

En 50*a* los segmentos nasales pierden el rasgo [+nasal] y el [+sonoro]; es un proceso de desnasalización sin sonoridad, mientras que en 50*b* se trata de una desnasalización con sonoridad. De acuerdo a la jerarquía de Clements (1985), la solución al fenómeno de 50*b* no presenta problemas; sólo basta desasociar el [+nasal] de la grada MA, pero para 50*a* requerirá dos reglas de desasociación que operarían en dos nodos distintos: una que desasocie el rasgo [+nasal] del nodo MA y la otra que elida el [+sonoro] de la grada L, como se muestra en la derivación de 51.

(51)

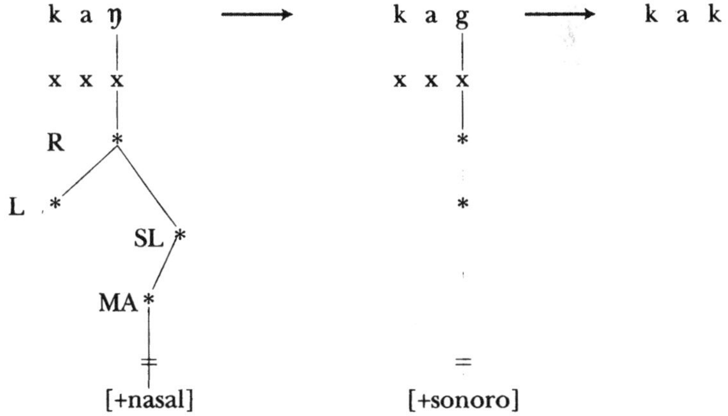

En términos descriptivos, el análisis de 51 es menos adecuado frente a otro que dé cuenta del proceso recurriendo a una sola regla; además, la dependencia del rasgo [nasal] del nodo MA, no traduce con claridad la relación intrínseca que existe entre nasalidad y sonoridad que parece estar en juego en la desnasalización sin sonoridad. Requerimos pues una modificación en la jerarquía que permita explicar, por un lado, el comportamiento de las nasales de la lengua en la armonía nasal, y por el otro, que dé cuenta cabal de los fenómenos relacionados.

Piggott (1987, 1989) es uno de los pocos autores que, con base en un acopio de datos, analiza el fenómeno de la armonía nasal. En función del comportamiento de los segmentos nasales, propone dos posibles jerarquías del rasgo [nasal]. En la primera de ellas, inspirada en Sagey (1986), el rasgo [nasal] es el rasgo dependiente del nodo Paladar blando (=PB), ligado directamente al nodo R; esta modificación tiene una representación como sigue:

(52)

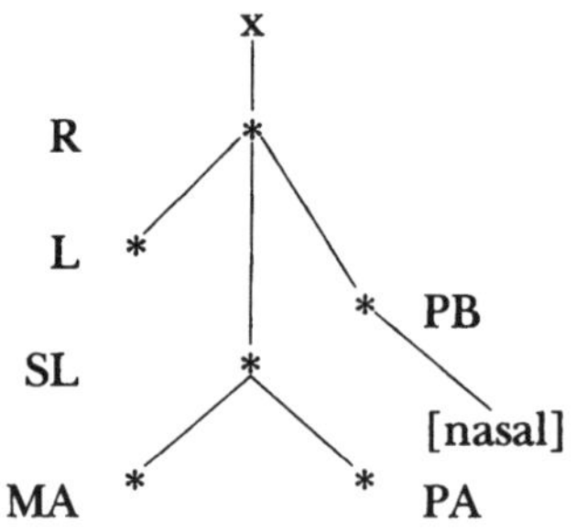

La presencia del nodo PB se considera necesaria tanto en las consonantes orales como en las nasales, ya que está activa en ambos casos: se levanta para impedir el paso del aire por la nariz y se baja en la producción de cualquier sonido nasal. Con este cambio, señala Piggott (1987: 53-54) se puede dar cuenta, por un lado, de la oposición entre oclusivas orales y nasales, —es decir, entre {b, d, g}, *versus* {m, n, ŋ}—, y por el otro, de los sistemas armónicos en los cuales las nasales son opacas a la propagación.

Por el contrario, en las lenguas en que, como el zoque, las nasales dejan pasar la nasalización, el nodo PB no da respuesta al problema. Para ellas, este autor plantea que el nodo dominante del rasgo [nasal] es el nodo llamado Sonorización espontánea (*Spontaneous voicing*) (=SE), pues es el único que describe íntegramente las propiedades inherentes de vocales, semiconsonantes, líquidas y nasales. Esta modificación se basa en la caracterización que hacen Chomsky y Halle de los segmentos sonorantes: sonidos producidos con una configuración del tracto bucal en la cual las cuerdas vibran en respuesta al paso del aire (1968: 302-303). La representación jerárquica, con esta modificación, será como sigue:[22]

[22] Para el análisis de la desnasalización total y parcial, argumentaremos en favor de la

(53)

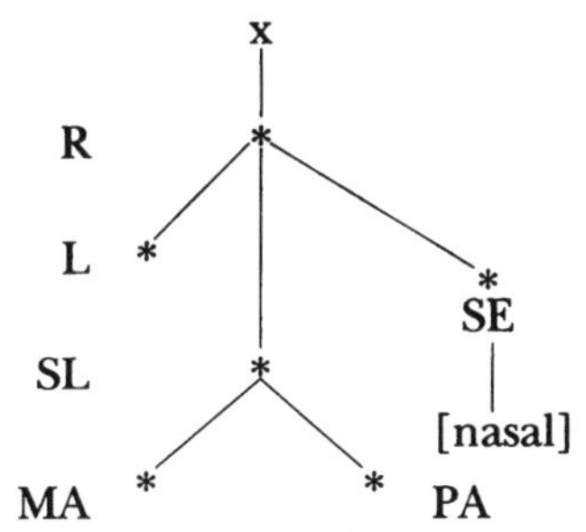

La pertinencia de la jerarquía de 53, en relación con la de 52, se fortalece mayormente cuando hacemos una cala más profunda en la lengua y encontramos que la oposición subyacente no se establece entre consonantes orales y nasales; la serie /m, n, ŋ/ no se opone a [b, d, g], estos segmentos son el resultado de la sonorización de /p, t, k/. La ausencia de segmentos que sean a la vez [+obstruyentes] y [+sonoros] indica que la oposición pertinente es en términos de segmentos [±sonorantes]. Para el zoque, con el nodo SE podemos establecer una distinción subyacente importante y caracterizar con precisión el conjunto de segmentos que sufre la nasalización del prefijo.

Dado el alcance teórico del fenómeno, vale la pena discutirlo a la luz de la propuesta de Cole (1987). El examen de sus argumentos mostrará que, más que representar un análisis alternativo, resulta complementario si se incorpora a la jerarquía de 53.

En Cole (1987) se ofrece un interesante análisis de varios tipos de sistemas armónicos; en él se hace hincapié en las propiedades de las representaciones fonológicas para explicar la naturaleza de los segmentos opacos y transparentes. Señala que hay armonías —denominadas parásitas o pseudoarmonías— en las cuales la propagación armónica depende de que tanto el segmento que la desencadena, como el que la sufre, posean una estructura ligada a un rasgo contextual (p. 27). Esto quiere decir que la propagación queda restringida a aquellos casos en los cuales los segmentos que se nasalizan comparten el mismo valor de un rasgo determinado; en esta medida, los segmentos que bloquean el paso de la propagación serán aquellos que ostenten el mismo rasgo que se propaga, o bien que no estén ligados al mismo valor del rasgo contextual. Este tipo de armonías, como cualquier otro, se ciñe al principio de adyacencia que

inclusión del rasgo [sonoro] en el nodo SE. Por el momento omitiremos este aspecto y retomaremos íntegra la propuesta de Piggott (1989).

requiere una contigüidad entre el segmento blanco del proceso y el que lo desencadena.

Si trasladáramos íntegramente el razonamiento de Cole, el fenómeno del zoque recibiría una explicación sólo parcial. En efecto, se podría decir que se trata de una pseudoarmonía ligada al rasgo contextual [+sonoro]; con ello se daría perfecta cuenta de la opacidad de las obstruyentes y de la nasalización de los segmentos {V, w, y}, pero no de {h}. Veamos algunos ejemplos:

(54)

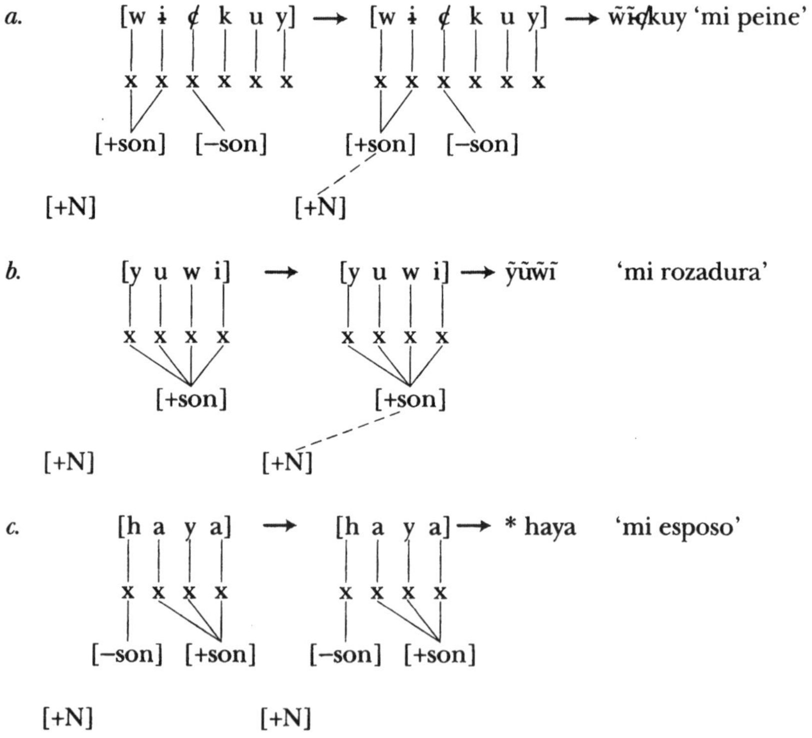

Debido al principio de adyacencia, en la representación de 54*c* el autosegmento flotante no puede saltar la especificación [−sonora] para asociarse a la [+sonora]. Por otra parte, y este es un argumento de peso, el análisis tropieza con un obstáculo mayor respecto a los segmentos nasales. Ya vimos, en los ejemplos de 29 y 30, que las nasales permiten la propagación del prefijo; he aquí más datos que lo confirman:

(55)

Formas nominales	Formas poseídas 1ª/2ª pers. sing.
mɨt	mɨ̃t
‘camote’	
mo’ot	mõ’õt
‘suegro’	
nayi	nãỹĩ
‘cera’	
no’a	nõ’ã
‘vela’	
yomo	ỹõmõ
‘mujer’	
yamohk	ỹãmõh̃k
‘elote’	
wane	w̃ãnẽ
‘canción’	

El problema reside, por un lado, en que las nasales del zoque, al no estar especificadas para el rasgo [sonoro], no pueden formar parte de los segmentos que se ligan a una estructura, y por otro lado, deberían ser segmentos opacos al proceso ya que tendrían una especificación para el mismo rasgo que se propaga, según se expresa en el principio de propagación de Steriade (1986: 600): “La propagación de un elemento (x) puede inhibirse sólo por una posición especificada para (x).”

Ante tal circunstancia Cole (1987: 130-140) propone dos soluciones posibles, descritas enseguida, con **yamohk**, *su elote.*

(56)

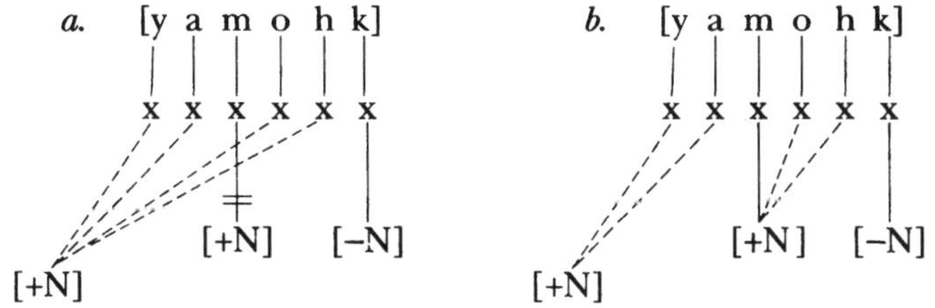

En la representación de *a* se ejemplifica la solución que consiste en desasociar la especificación [+nasal] del segmento [m] antes de la propagación del autosegmento flotante, una vez efectuada, se vuelve a asociar; en *b* el rasgo [+nasal] de [m] funciona como relevo del proceso; después de que el prefijo se ha propagado sobre los segmentos no especificados para ese rasgo, se propaga a su vez sobre los restantes. El problema de la solución de *a*, es que el mecanismo de desasociación, previo a la propagación, resulta una convención *ad hoc* que cae por su propio peso; la solución de *b*, aunque plausible para el zoque, resulta poco adecuada debido a la inexistencia de evidencia interna que la apoye.[23] En efecto, la función de relevo adjudicada a las nasales se justificaría si, mínimamente, en la lengua la secuencia N V —> N Ṽ; dado que esto no sucede, optar por el análisis de *b* sería aceptar una solución apresurada.

Para explicar el proceso del zoque debemos pues ir en contra del principio de Steriade (1986) y, aprovechando las ventajas del análisis de Cole, conjuntar la noción de estructura ligada con la jerarquía de 53. De esta forma, el comportamiento del prefijo nasal se puede analizar como una pseudoarmonía que depende del nodo contextual SE y se captura con la regla de 57.

(57)

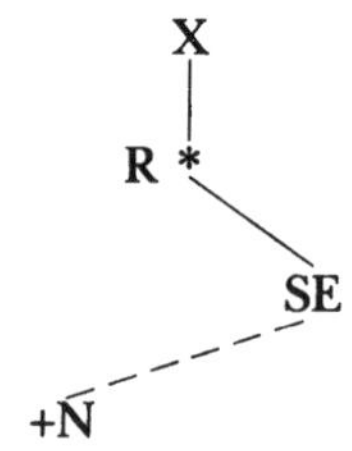

Dado que, como ya dijimos, en el zoque la nasalización proviene únicamente del prefijo, proponemos una solución basada en la coalescencia del rasgo [+nasal] del prefijo y del que ostentan los segmentos nasales. Veamos algunas derivaciones:

(58)

a.

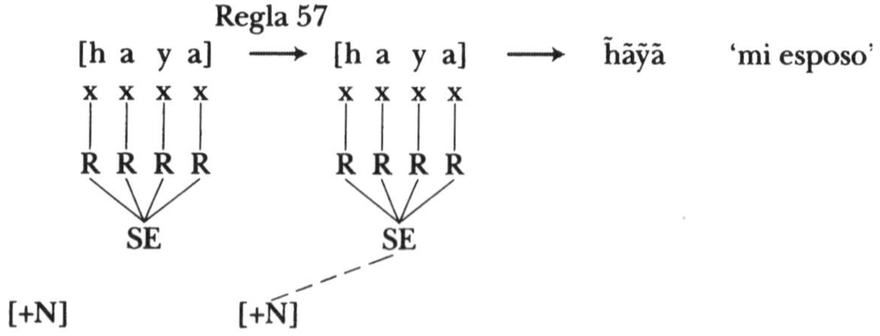

[23] En el mixteco, caso que analiza Cole (1987: 130-141), es posible la solución de *b*, pues en esa lengua hay dos fuentes para la propagación de la nasalidad: una proveniente de los seg-

b.

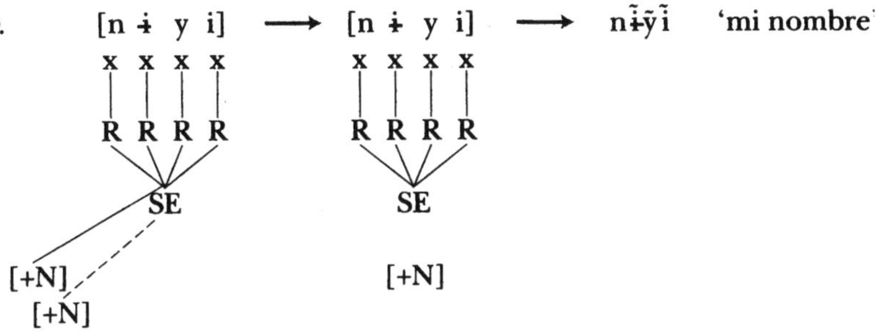

c.

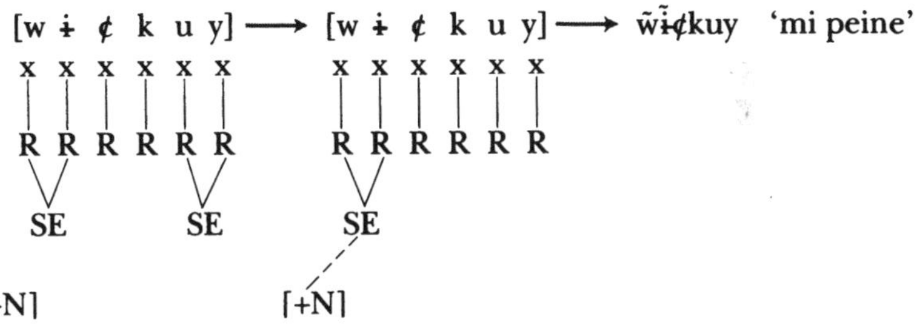

En la representación de 58*b* el autosegmento flotante se propaga a pesar de que la [n] tiene la especificación [+nasal], una vez que lo ha hecho, las dos especificaciones se coalescen; la derivación de 58*c* nos muestra que la regla de 57 requiere una contigüidad a nivel de las X, es decir, no se propaga sobre las sonorantes finales, porque entre ellas hay dos posiciones ocupadas por las obstruyentes.

La propagación del autosegmento flotante refleja la elección de la derecha que hace el zoque del parámetro del mapeo (Piggott, 1989: 28). "Un autosegmento flotante se liga a la posición de la derecha/de la izquierda que esté disponible en un dominio dado."

En apoyo a esta direccionalidad, recordemos que la armonía vocálica también propaga el rasgo [+alto] de izquierda a derecha, lo que nos lleva a plantear que, en sus procesos armónicos, la lengua elige positivamente la opción *b* del parámetro de la direccionalidad (Piggott, 1989: 5):

Parámetro de la direccionalidad

a) Propáguese α a la izquierda (sí/no)

b) Propáguese α a la derecha (sí/no)

Hasta ahora, nada hemos dicho respecto al segmento ['] y requiere algunos comentarios, pues si bien es un segmento [+sonorante], des-

mentos nasales y la otra del sufijo de 2ª pers (familiar). Para la nasalización en esa lengua, véase también Marlett (1989).

de el punto de vista articulatorio no parece posible producir un sonido que requiere una obstrucción total del paso del aire y al mismo tiempo tener el velo del paladar en posición que permita el paso del aire por la nariz; sin embargo, debemos explicar su transparencia en el proceso. Como hemos visto en las derivaciones de 58, el autosegmento flotante se asocia a una estructura dominada por el nodo R; si este segmento es transparente, lo que quiere decir es que está desprovisto de dicho nodo. Por ello, el autosegmento puede asociarse sin provocar un cruzamiento en las líneas. Veamos un ejemplo:

(59)

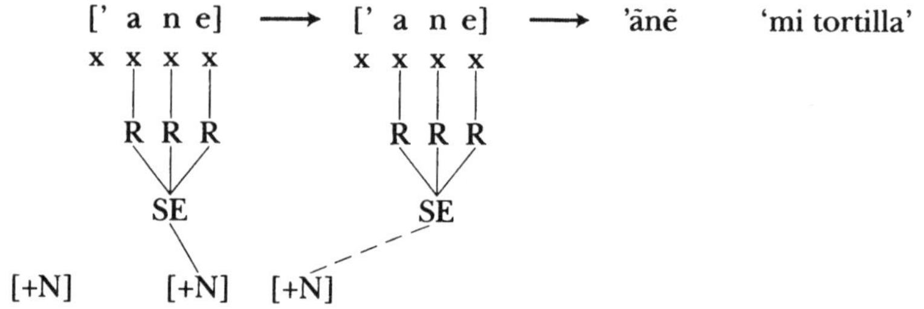

En la representación anterior, el segmento glotal consiste sólo en una posición en la grada x; la interpretación menos marcada de una posición vacía, será la realización de ['] (Piggott, 1989: 15-16).

El ámbito de aplicación de las reglas de 47 y de 57 es el módulo léxico. Esta afirmación se basa en que el proceso no rebasa la palabra:

(60)

a.	ɨh	h̃ãỹã	wihtu	
	'mi	esposo	caminó'	
b.	ɨh	h̃ɨ̃yɨ̃	yu'yu	
	'mi	flor	se	marchitó'
c.	ɨh	ỹũw̃ɨ̃	nepu	sa'sa
	'mi	rozadura	ardió	bien'

Más particularmente diremos que actúa en el estrato 3 dado que ahí tiene lugar la sufijación de **-u**, **-pa**, el imperativo y los tres sufijos que dividen la flexión verbal, pues ya hemos visto en nuestros datos, el sufijo **-u** está sujeto a la nasalización.

La estrecha relación que tiene la armonía nasal con el proceso de metátesis de yod tiene repercusiones para la noción de ciclicidad. Los resultados que observamos en el zoque cuando suceden los dos procesos, sugieren que el estrato 3 es no cíclico. Veamos esto con el ejemplo **hawyana**, *yo no canté.*

(61)

[hay] [wan] [a] —> haw̃ỹãnã
[+N]

Con 61 mostramos que si la regla de 57 se aplica cíclicamente, no podremos dejar de propagar el prefijo antes de metatizar a la yod, lo que nos daría como resultado ***haw̃yãnã**. Para obtener los resultados correctos debemos suponer que el estrato 3 no es cíclico y esperar a que se efectúe la adjunción de los prefijos para que la regla fonológica produzca sus cambios.

(62)

[wan] [a]	sufijación
[wan] [a]	prefijación
[+N]	
[hay] [wan] [a]	prefijación
[+N]	
[ha] [wyan] [a]	metátesis
[+N]	
[ha] [wyan] [a]	asociación
[+N]	
haw̃ỹãnã	CBC

[haw̃ỹãnã]

En suma, en el proceso anterior confluyen dos aspectos que, en relación solidaria y natural, nutren el diálogo entre teoría fonológica y hechos empíricos. El fenómeno de la nasalización del autosegmento flotante, así como la desnasalización esbozada antes, se pueden sumar a la evidencia acumulada, en el programa actual de la fonología, para concluir que sólo si se le reconoce al rasgo [nasal] una autonomía, los procesos de las lenguas recibirán una explicación satisfactoria. Por otra parte, la teoría autosegmental ha alcanzado un nivel de adecuación explicativa, en la cual los procesos particulares resultan ser combinaciones de parámetros universales y de un número reducido de principios. En este aspecto, el estudio del zoque también ha mostrado que la dirección de la nasalidad es una cuestión parametrizada y que la ausencia del prefijo y de nasalización ante las fricativas resulta de las representaciones y de los principios que las rigen. En el siguiente apartado, con base en la desnasalización, presentaremos evidencia adicional para el nodo SE.

DESNASALIZACIÓN CON Y SIN SONORIDAD: DOS EXPRESIONES DEL MISMO NODO

Ya hemos anticipado, con algunos datos, que las nasales del zoque se manifiestan como oclusivas, ya sea sonoras, formando la serie {b, d, g}, o bien sordas, como {p, t, k}. En las descripciones de la lengua, este doble fenómeno resulta un poco desconcertante; está registrado particularmente en Wonderly (1949: 5), donde propone algunas correspondencias entre el zoque primitivo, como él lo llama, y las diferentes lenguas mixe-zoque: "La correspondencia con las nasales entre vocales es algo confusa: en los dialectos del noreste [Chapultenango, Tapalapa, Ocotepec. . .], * -m, * -n, * -ŋ aparecen en algunas palabras como nasales, en otras como oclusivas sonoras (. . .) En posición final corresponden a -p, -t, -k."

En tanto fenómeno diacrónico, se podría objetar su relación con la sincronía; se pensaría que más vale abandonarlo en el casillero de los estudios históricos. Si tal hiciéramos, perderíamos una oportunidad valiosa para analizar ciertos datos que arrojan luz sobre la estructura de las representaciones fonológicas. Por el contrario, coincidimos con Bromberger y Halle, quienes recientemente afirman: "los cambios diacrónicos proporcionan información acerca de las reglas sincrónicas" (1989: 62). En el caso del zoque, ambos procesos sobreviven en la variante de Chapultenango y Tapalapa.[24] Para fines de la exposición, veamos primero el proceso {m, n, ŋ} —> {p, t, k}.

(63)

[tɨm]	[omo]		—>	tɨmomo	tɨp
fruta	loc			'en la fruta'	'fruta'
[kuhyam]	[ɨy]	[u]	—>	kuhyamɨyu	kuhyap
ceniza	vbz	tpo		'tuvo ceniza'	'ceniza'
[mɨn]	[seh]		—>	mɨnseh	mɨt
camote	sim			'como camote'	'camote'
[tin]	[ɨy]	[u]	—>	tinɨyu	tit
excremento	vbz	tpo		'tuvo excremento'	'excremento'
[tuŋ]	[omo]		—>	tuŋomo	tuk
camino	loc			'en el camino'	'camino'
[kaŋ]	[omo]		—>	kaŋomo	kak
tigre	loc			'en el tigre'	'tigre'

[24] No hemos tenido contacto con los dialectos de Ocotepec, Pantepec, ni San Bartolomé, que junto con los de Chapultenango y Tapalapa forman el zoque del noreste, por ello ignoramos si también presentan el proceso.

Frente a lo que sucede en los datos anteriores, el zoque tiene otros casos en los cuales las nasales no se vuelven oclusivas sordas.

(64)

pɨndam	*pɨndap
'hombres'	
tukun	*tukut
'aretes'	
¢ikin	*¢ikit
'pinto'	
kɨ'muŋ	*kɨ'muk
'sombra'	
koyoŋ	*koyok
'aguacate'	

La existencia de datos en la lengua como los de 64, indica que la desnasalización sin sonoridad es un fenómeno sujeto a excepciones, que sólo sucede en ciertas nasales que se encuentran a final de palabra. Con esta observación presente, veamos el otro tipo de desnasalización:

(65)

[tɨm]	[pa]		—>	tɨmba
ensartar	tpo			'ensarta'
[¢em]	[pa]		—>	¢emba
orinar	tpo			'orina'
[tɨm]	[tɨhk]		—>	tɨbdahk
ensartar	nom			'flecha'
[hem]	[tɨhk]		—>	hebdɨhk
escarbar	nom			'pala'
[¢em]	[ke't]	[u]	—>	¢ebge'tu
orinar	asp	tpo		'orinó de nuevo'
[hem]	[ke't]	[u]	—>	hebge'tu
escarbar	asp	tpo		'escarbó de nuevo'
[min]	[pa]		—>	midba
venir	tpo			'viene'
[wan]	[pa]		—>	wadba
cantar	tpo			'canta'
[tin]	[tɨhk]		—>	tindɨhk
defecar	nom			'letrina'
[pɨn]	[tam]		—>	pɨndam
hombre	pl			'hombres'

[win]	[ko¢ih]	—>	widgo¢ih
ser	dueño		'novio'
[sun]	[ke't] [u]	—>	sudge'tu
desear	asp tpo		'deseó de nuevo'
[poŋ]	[pa]	—>	pogba
arder	tpo		'arde'
[taŋ]	[pa]	—>	tagba
partir	tpo		'parte'
[¢iŋ]	[tam] [pa]	—>	¢igdamba
bañar	pl tpo		'nos bañamos'
[¢e'ŋ]	[kan] [u]	—>	¢e'ŋganu
ladear	caminar tpo de prisa		'cojeó'
[ɨŋ]	[kuy]	—>	ɨŋguy
dormir	nom		'cama'

Los datos de 65 se presentan de manera más clara y sistemática en el cuadro de 66.

(66)

	p	t	k
m	mb	bd	bg
n	db	nd	dg
ŋ	gb	gd	ŋg

Su interpretación es como sigue: la desnasalización con sonoridad sólo sucede cuando la nasal está frente a una oclusiva heterorgánica; como se señala en los pequeños cuadros de 66, cuando ambas consonantes son homorgánicas, las nasales no sufren cambios.

Al igual que el proceso anterior, éste también está sujeto a excepciones:

(67)

[pɨndam]	[tih]		—>	pɨndandih	*pɨndabdih
hombres	lim			'sólo hombres'	
[ki'm]	[ke't]	[u]	—>	ki'ŋge'tu	*ki'bge'tu
subir	asp	tpo		'también subió'	
[ten]	[pa]		—>	temba	*tedba
levantar	tpo			'levanta'	
[mɨ'ŋ]	[pa]		—>	mɨ'mba	*mɨ'gba
rebotar	tpo			'rebota'	

[koyoŋ]	[tih]	—>	koyondih	*koyogdih
aguacate	lim		'sólo aguacates'	

Estos datos nos revelan la complejidad del problema; en efecto, señalan la existencia de dos tipos de nasales en la lengua: aquellas que se desnasalizan, como en 63 y 65, y aquellas que se asimilan a la consonante siguiente, como en 67. Un hecho importante es que aquellas nasales que se desnasalizan, están sujetas a ambos tipos de desnasalización:

(68)

ko**m**omo	ko**b**dam	ko**p**
'en el horcón'	'horcones'	'horcón'
wi**n**ɨyu	wi**d**bahk	wi**t**
'tuvo punta'	'punta, hueso frente'	'punta'
tuŋhi'ŋ	tu**g**dam	tu**k**
'con camino'	'caminos'	'camino'

En los ejemplos anteriores observamos que las nasales en negritas se realizan, ya sea como oclusivas sonoras, o como oclusivas sordas.

Resulta evidente que la solución al problema no es sencilla; la desnasalización es un proceso idiosincrásico, pero no de ciertos ítem, sino de ciertas nasales y requiere, por tanto, una distinción muy clara entre los segmentos que sufren dicho cambio y aquellos que simplemente se asimilan a la consonante contigua. Varias soluciones son posibles: podríamos establecer una distinción entre nasales "ligeras", es decir, aquellas que se desnasalizan, y nasales "pesadas" a las cuales no afecta el cambio; también podríamos recurrir al uso de un diacrítico, por ejemplo [+D], para marcar las nasales sujetas al cambio. Veamos cada una de estas posibilidades.

En términos autosegmentales, las nasales "pesadas" se pueden representar como segmentos unidos a dos posiciones en la grada de las equis.

(69)

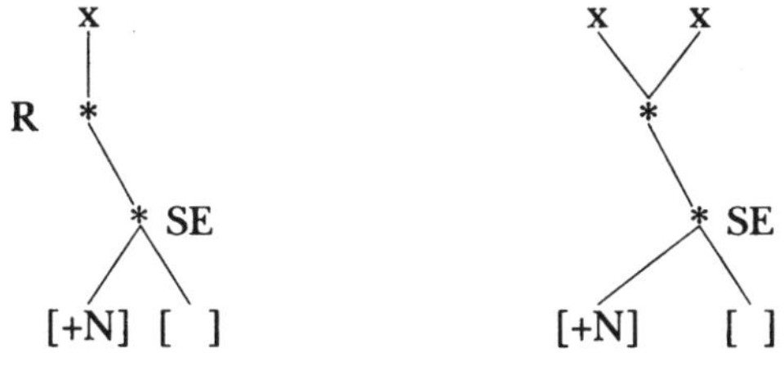

Por otra parte, la utilización del diacrítico nos daría representaciones como sigue:

(70)

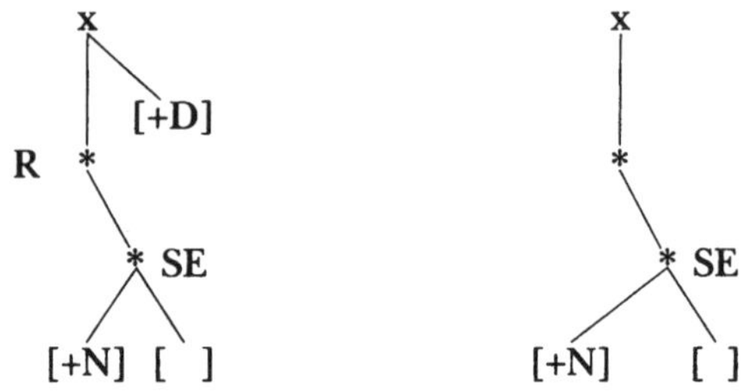

Para ambas soluciones tenemos algunas observaciones. En el caso de 69, sería necesaria una regla adicional que actuara una vez que el cambio haya tenido lugar.

(71)

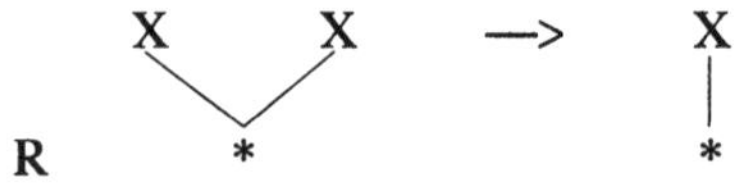

Aunque esta posibilidad no contradice los hechos de la lengua —ya que en ella no hay segmentos geminados—, tiene el inconveniente de aumentar el número de reglas con la existencia de 71.

La opción del diacrítico [+D] es un recurso que puede despertar viejas polémicas en la teoría fonológica, ya que introduce en las representaciones rasgos sin contenido fonético.[25] Dada la necesidad que genera la lengua de una distinción, nos inclinamos por el uso del diacrítico, en beneficio de una gramática más simple del zoque.

Ahora bien, al analizar la armonía nasal, tácitamente establecimos el compromiso de tratar los dos tipos de desnasalización como un fenómeno unitario. La jerarquía propuesta en ese momento, dejó abierta la posibilidad de reflejar, en el nodo SE, la relación entre sonoridad y nasalidad, presente en la mayor parte de los sistemas fonológicos. Nuestra propuesta de reunir ambos rasgos bajo dicho nodo, refleja con claridad esa dependencia y captura su coherencia respecto a los procesos fonológicos.[26] Así, si el

[25] Para los problemas en torno al uso de diacríticos en las representaciones fonológicas, véase Kiparsky (1968).

[26] Véase Hayes (1986), quien también reúne el rasgo [nasal] y el [sonoro] en una sola grada, para dar cuenta de la desnasalización en toba batak.

rasgo [nasal] y [sonoro] dependen del nodo SE, tendremos una representación como sigue:

(72)

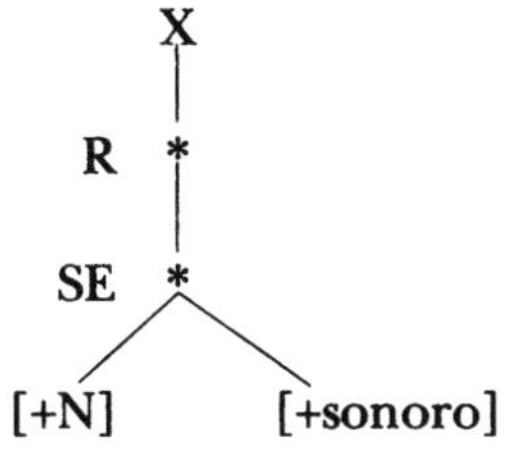

Las reglas responsables de los dos tipos de desnasalización desasociarán sólo el rasgo [+N] de los segmentos involucrados; la presencia o la ausencia de sonoridad será un resultado natural de la subespecificación de las nasales y de su relación con la regla de redundancia. Veamos primero la regla de desnasalización sin sonoridad.

(73)

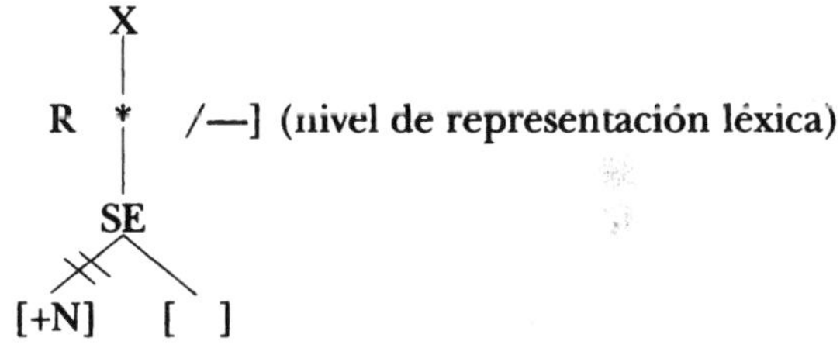

En efecto, como ya establecimos, una regla de redundancia provee el rasgo [+sonoro] a aquellos segmentos especificados para [+nasal], por ello, sólo basta desasociar el nodo [+N] antes de que dicha regla actúe. Veamos algunos casos:

(74)

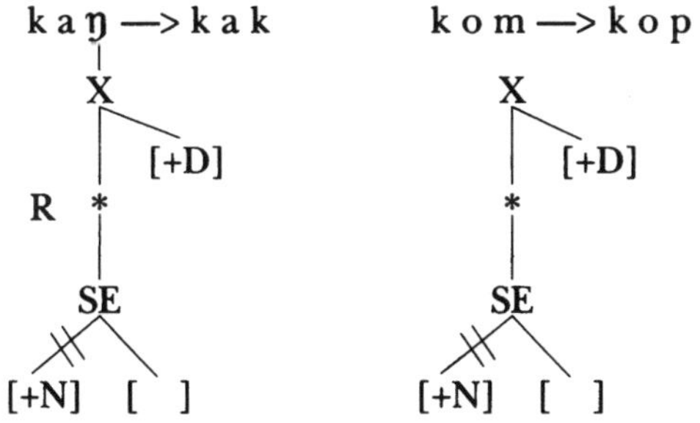

En el apartado referente a la sonorización de los segmentos [–continuo], señalamos que es un proceso del módulo posléxico; también mostramos que los segmentos [–continuo] y [+sonoro] no forman parte del grupo de elementos del módulo léxico. Estos hechos nos llevan a afirmar que el proceso descrito en 74 ocurre en el módulo léxico, debido a que produce segmentos permitidos en ese módulo. En la medida en que este tipo de desnasalización sucede a final de palabra, el ámbito de aplicación de 73 es el nivel de representación léxica, es decir, actúa ahí donde los ítem ya pasaron por todos los estratos del léxico y los procesos de afijación ya han sido agotados. Un argumento adicional en pro del ámbito de aplicación de 73, se encuentra en los siguientes datos:

(75)

te' tɨp puh¢u —> [te'tɨppuh¢u] *te' tɨmbuh¢
'la fruta se pudrió'
te' mɨt taku —> [te'mɨttaku] *te'mɨndaku
'el camote se partió'
te' kak kehku kuhyomo—> [te' kakkehku. . .] *te'kaŋgehku.
'el tigre se cayó del árbol'

La ausencia de nasales y de sonorización, en los ejemplos anteriores, indican que los segmentos nasales de *fruta, camote* y *tigre,* ya han dejado de serlo, cuando la palabra se une a otra en una secuencia sintáctica, es decir, cuando ha salido del léxico.

Teniendo en cuenta que las reglas del módulo léxico son preservadoras de estructura, la desnasalización con sonoridad no puede ocurrir en el léxico, sino en el módulo posléxico. De no ser así, violaríamos este principio creando segmentos sonoros en el léxico. La regla responsable será como sigue:

(76)

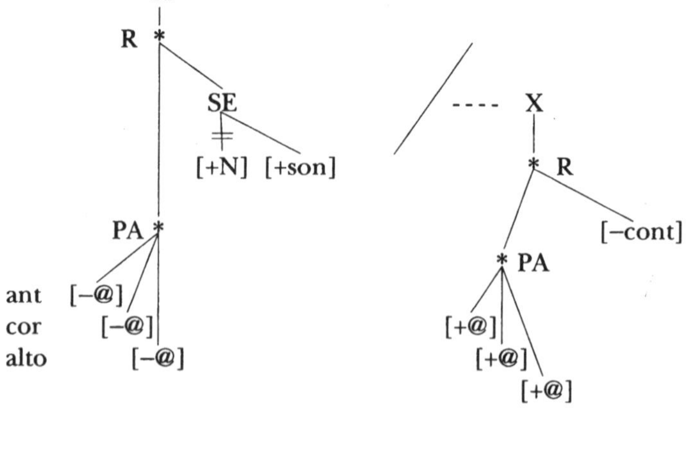

Esta regla de 76 captura el proceso desasociando en el nodo [+N] de los segmentos nasales, frente a los segmentos [–continuo] cuyo punto de articulación sea diferente, lo que se señala con los valores [+] y [–] para @. Veamos su funcionamiento con **kobdandih**, *sólo horcones.*

(77)

a.

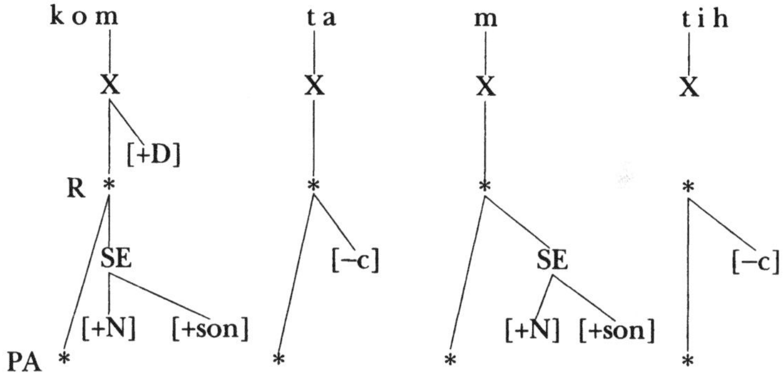

b.

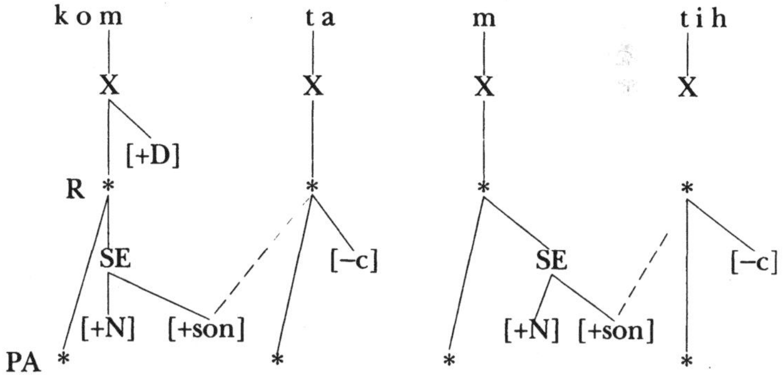

komtamtih ⟶ komdamdih

c.

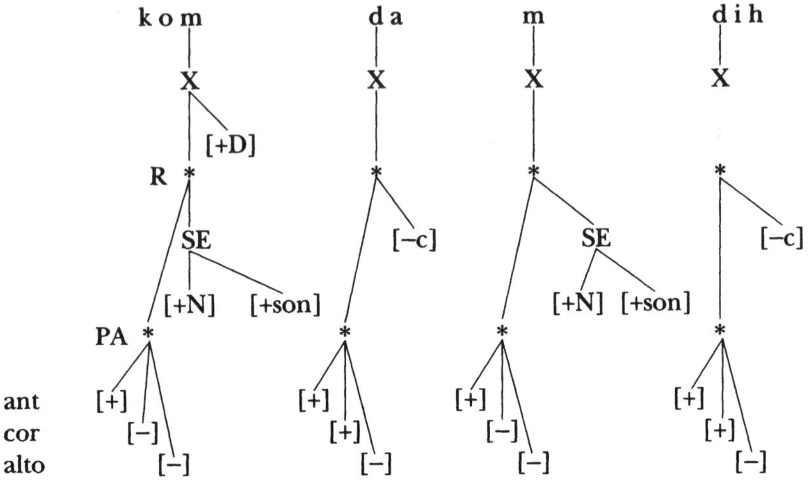

komdamdih ⟶ kobdamdih

d.

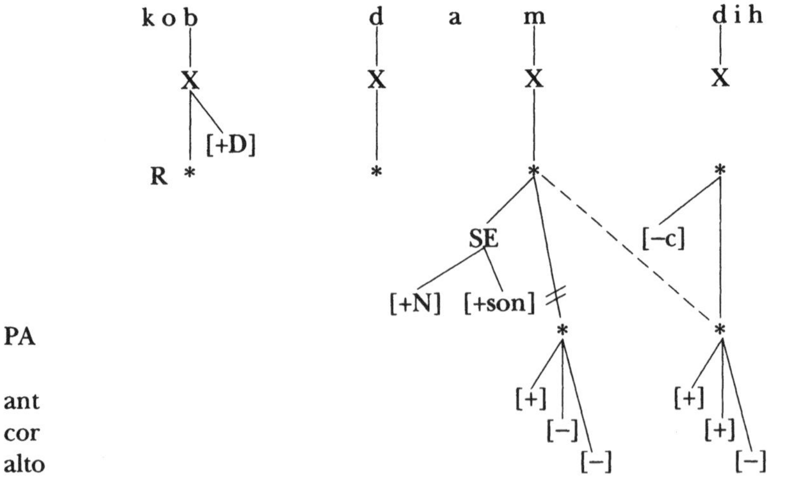

kobdamdih ⟶ kobdandih

En 77*a*, la regla de redundancia ya ha dotado a los segmentos nasales del rasgo [+sonoro], una vez que éstos han salido del léxico. En 77*b* se señala la sonorización de las oclusivas sordas, un proceso general de la lengua que como hemos visto en el apartado sobre nasalización, sucede después de nasal. En 77*c* mostramos la desnasalización que produce la regla de 76 y en 77*d* mostramos la asimilación de las nasales. Las diferentes derivaciones de 77 indican la exigencia de un ordenamiento entre las distintas reglas:

a. [+nasal] —> [+sonoro]
b. Sonorización de los segmentos [–continuo]
c. Desnasalización
d. Asimilación de nasales frente a [–continuo]

Un hecho importante en nuestro análisis de la desnasalización es que, gracias a la subespecificación de las nasales, motivada de manera independiente (cf. apartado sobre nasalidad), el cambio de éstas a oclusivas sordas o sonoras, por confuso y desalentador que parezca, es un proceso que requiere una desasociación del mismo nodo.

SIMPLIFICACIÓN DE CONSONANTES

El zoque tiene dos procesos fonológicos de elisión consonántica con importantes consecuencias para la teoría fonológica. Uno de ellos, se manifiesta como la elisión que sufre toda consonante cuando forma parte de una secuencia de segmentos iguales; el otro, resulta también en una elisión de segmentos y sucede cuando se presentan las secuencias oclusiva-africada y africada-fricativa. Este último proceso es una manifestación transparente del efecto de orilla, que como se mostró en los apartados sobre sonorización y nasalidad, es un concepto activo en el zoque. A la luz de la teoría autosegmental, ambos procesos reciben una interpretación unificada que los considera como la manifestación de un solo cambio: la simplificación de consonantes. La aportación teórica del análisis que presentamos, reside en el hecho de que el efecto de orilla puede ser subsumido en un principio universal, denominado Principio del Contorno Obligatorio (PCO).

Desde 1973, año en que fue propuesto por Leben, el PCO es un principio que ha vivido cambios cualitativos. En sus orígenes, Leben (1973) lo planteó en el estudio de los tonos. Se trata de un principio de buena formación de las representaciones fonológicas que impide una representación de tonos iguales sucesivos; cuando dos tonos idénticos se asocian con vocales contiguas, en lugar de tener una representación como la de *a*, en 58, gracias al PCO se convierte en la de *b* (B= tono bajo).

(78)

Posteriormente, McCarthy (1986) trasladó al PCO a los estudios segmentales y lo formuló explícitamente: "En el nivel melódico, los elementos iguales adyacentes están prohibidos." (McCarthy, 1986: 208).

Con McCarthy (1986), el PCO dejó de tener un papel pasivo para convertirse en un principio que puede actuar de dos maneras: por un lado, como responsable de las restricciones morfemáticas, y por el otro, como un principio, presente a lo largo de las derivaciones, que actúa como un bloqueador de la aplicación de ciertas reglas fonológicas. Con base en el análisis de las lenguas semíticas, McCarthy (1986: 208-209) observa que el PCO impide la existencia de bases nominales y verbales con secuencias del tipo $C_iVC_iVC_j$, donde las dos consonantes separadas por la vocal son idénticas.[27] Aunado a esta función, el autor muestra que el PCO tiene efectos inhibitorios sobre las reglas; incrementa la evidencia con datos de lenguas no semíticas y apoya su afirmación con procesos de síncope vocálica; demuestra que dicho proceso de síncope no sucede cuando la vocal elidida dejaría en contacto a dos consonantes iguales. El PCO es pues un principio universal que explica con naturalidad los casos excepcionales de las reglas cuyos resultados lo violarían.[28]

Con Moira Yip (1988) el PCO alcanza una importancia considerable: además de tener la función de bloqueador de ciertos procesos, la autora plantea que puede condicionar la aplicación de las reglas fonológicas. El PCO viene a ser un principio omnipresente que, dada una representación que lo viola, promueve un cambio, un remedio —particular a la lengua— para restablecerse. En términos de Yip (1988: 74), es un disparador, una presión para el cambio, aunque el remedio se debe especificar para cada lengua; si ésta carece de la regla "curativa", la situación persiste hasta que los dos segmentos se fundan en una sola especificación de rasgos, como lo proponía Leben (1973).

Siguiendo a Yip (1988), entre las estrategias reparadoras del PCO se encuentra, por excelencia, la epéntesis y la elisión, dos procesos existentes en el zoque que representan una evidencia positiva de la universalidad de dicho principio. En este apartado, como ya señalamos, nos ceñiremos al tratamiento de la elisión; al analizar la estructura silábica, mostraremos que la inserción de /'/ está desencadenada por el PCO a nivel de los núcleos silábicos.

[27] Las restricciones de la estructura de morfema, debidas al PCO, no sólo operan en las lenguas semíticas; Yip (1988) demostró que el cantonés está restringido por el PCO, a nivel de la rima: "The strongest prohibition holds within the rhyme: a rounded vowel (front or back) followed by a labial consonant (p or m) is completely impossible." (p. 81).

[28] Señalemos que la universalidad de PCO fue puesta en entredicho por Odden (1986), quien presenta contraejemplos. Sin embargo, recientemente Paradis y Prunet (1990) examinaron datos semejantes a los de Odden, mostrando que no contradicen su carácter universal. También en Lowestamm y Prunet (1986) se presenta evidencia en apoyo al PCO y a su estatus universal.

Por lo pronto, y con lo dicho hasta aquí, veamos cómo actúa el PCO en la estructura morfémica de la lengua. Aunque su presencia se aprecia con los morfemas del tipo C V C C y C V C C C, el examen de los morfemas más simples permitirá dejar asentadas algunas generalidades. Los datos que siguen, contienen ejemplos ilustrativos de morfemas con la estructura C V C, C V, V C, C y V.

(79)	BASES	
	C V C	
pam-	'desnivelar'	p _ m
pin-	'recoger'	p _ n
paŋ-	'recargar'	p _ ŋ
ten-	'parar'	t _ n
kɨŋ-	'madurar'	k _ ŋ
ka'-	'morir'	k _ '
¢i'-	'dar'	¢ _ '
¢am-	'hablar'	¢ _ m
sa'-	'despertar'	s _ '
may-	'contar'	m _ y
nem-	'arder'	n _ m
		* ñ _ m
		* ŋ _ m
hay-	'escribir'	h _ y
hah-	'salar'	h _ h
		* ' _ h
way-	'moler'	w _ y
woh-	'ladrar'	w _ h
		* w _ w
V C		
om-	'oler'	
oŋ-	'regañar'	
oy-	'ir y venir'	
is-	'mirar'	
	AFIJOS	
	C V C	
-kuy	nom	
-tih	lim	
-seh	sim	
ko'-	partes relacionadas con la cabeza	
-tam	pl	

	C V	
-pa		tpo
ko-		ajen

	V C	
-ah		vbz
-ɨy		vbz
-Vm		asp
-is		asp
aŋ-		partes relacionadas con la boca

	C	
N-		1ª y 2ª pers, sing
ɨy-		3ª pers, sing

	V	
-u		tpo
- i/e		nom
- ɨ/a		modo

A excepción de los prefijos **N- y-**, apreciamos que todos los morfemas tienen una vocal; cuando un morfema inicia con un solo segmento consonántico, éste puede ser cualquiera, excepto /'/, /ŋ/, /ñ/.[29] De la muestra de 79 también se desprende que cuando un morfema termina con una consonante, ésta pertenece al grupo de {N, w, y, h, '}.[30] Podemos entonces predecir la imposibilidad de tener en zoque morfemas como: *pvt, *kvk, *svp, *svȼ, en la medida en que hay una restricción que impide la aparición de cualquier segmento que no sea [+sonorante] en la posición posvocálica.

Cuando los morfemas tienen una estructura CVC_1C_2, las restricciones se encuentran, no tanto en C_2, sino en C_1 Veamos una muestra representativa:

(80)

	BASES	C_1	C_2
nihp-	'sembrar'	h	p
tɨ'p-	'ocultarse' (sol, luna)	'	p

[29] De manera general usamos el término consonántico para referirnos a los segmentos no silábicos.

[30] En este conjunto no consideramos a /s/. En el apartado que sigue veremos que es un segmento extrasilábico. Su exclusión permite que se considere al grupo de segmentos como un conjunto homogéneo.

peht-	‘barrer’	h	t
ku’t-	‘comer’	’	t
sehk-	‘regar’	h	k
sɨ’k-	‘batir’	’	k
nuh¢-	‘calentar’	h	¢
¢u’¢-	‘mamar’	’	¢
kɨ’s-	‘morder’	’	s
suhs-	‘soplar’	h	s
ki’m-	‘subir’	’	m
		* h	m
ta’n	‘completar’	’	n
		* h	n
to’ŋ	‘beber’	’	ŋ
		* h	ŋ

AFIJOS

-ke’t	asp
yahk-	caus
-hi’ŋ	asoc

En efecto, cuando un morfema termina con dos consonantes, la primera ha de ser /’/ o /h/, y la segunda puede ser cualquiera del grupo {p, t, k, s, ¢, N}. Sin embargo, como lo señalan las formas con asterisco, cuando la primera es /h/, la segunda no puede ser una nasal, mientras que con /’/ como primer elemento, las nasales están incluidas.

Así, en la lengua, una secuencia imposible a final de morfema es *hN. Tal restricción, así como las anteriores, evidentemente no son responsabilidad del PCO; sin embargo, observemos que en los morfemas del tipo de 80, entre los dos segmentos consonánticos hay una relación de desemejanza establecida por la presencia *versus* ausencia del nodo SL: tanto /’/, como /h/ son dos segmentos cuyas especificaciones pertinentes se encuentran en el nodo L:

(81)

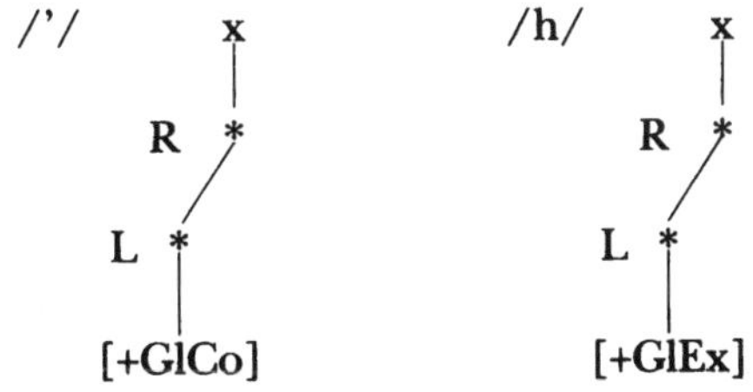

A diferencia de los segmentos que ocupan la segunda posición, ambos carecen del nodo SL. La presencia del PCO en el zoque modela los morfemas C V C_1 C_2 impidiendo que C_1 y C_2 sean dos segmentos con el nodo SL. Los efectos del PCO se dejan sentir aún más con la imposibilidad de tener grupos *hh, *'', es decir, dos especificaciones iguales y contiguas a nivel de la melodía.[31]

En los morfemas máximos del zoque, aquellos que tienen tres consonantes, encontramos la siguiente combinación:

(82)

		C_1	C_2	C_3
ki'ps-	'pensar'	'	p	s
sihps-	'picar'	h	p	s
po'ks-	'sentarse'	'	k	s
wehks-	'desgajar'	h	k	s

(83)

a.	*	h	ȼ	s
	*	'	ȼ	s
b.	*	h	s	s
	*	'	s	s

En 82 vemos que cuando los morfemas terminan con tres consonantes, la última posición está reservada, sin excepción, a /s/. La inexistencia de secuencias como las de 83, es también resultado del PCO. En efecto, en los morfemas del tipo C V C_1 C_2 C_3, el PCO opera sobre C_2 y C_3, a nivel de la grada continua; permite secuencias como las de 82, en las cuales el valor para este rasgo es opuesto, e impide morfemas como los de 83, cuyos valores son iguales. Una prueba concluyente de la presencia del PCO, es que cuando las secuencias de 83 llegan a surgir, en la lengua se produce un cambio, un remedio para impedirlas. Así pues, el PCO deja sentir su presencia en la estructura morfemática, impidiendo la existencia de grupos consonánticos iguales, ya sea a nivel del nodo L, o bien en una grada particular. Sin embargo, su función en el zoque no termina ahí; cuando surgen secuencias iguales, en el curso de los procesos morfológicos, el PCO actúa como un disparador del proceso de simplificación. Veamos una muestra de ello.

[31] En el análisis de Dell (1985: 132), en ausencia de un principio universal, se debe establecer una cláusula particular del zoque para explicar la inexistencia de estos grupos.

(84)

[sihk]	[kuy]		—>	sihkuy	kk —> k
reír	nom			‘risa’	
[ho’t]	[tɨhk]		—>	ho’tɨhk	tt —> t
colgar	nom			‘gancho’	
[yahk]	[ka’u]		—>	yahka’u	kk —> k
caus	murió			‘mató’	
[wakas]	[sihs]		—>	wakasihs	ss —> s
vaca	carne			‘carne de res’	
[yah¢]	[¢okoy]		—>	yah¢okoy	¢¢ —> ¢
malo	corazón			‘maldad’	
[sihs]	[si’ps]	[tɨhk]	—>	sihsi’pstɨhk	ss —> s
carne	voltear	nom		‘asador’	
[masan]	[nɨ’]		—>	masanɨ’	nn —> n
bendita	agua			‘agua bendita’	
[kihp]	[pa]		—>	kihpa	pp —> p
pelear	tpo			‘pelea’	
[nihp]	[pa]		—>	nihpa	pp —> p
sembrar	tpo			‘siembra’	
[hay]	[yah]		—>	hayahu	yy —> y
escribir	3ªpers. pl.			‘ellos escribieron’	
[wiht]	[tam]	[u]	—>	wihtamu	tt —> t
caminar	2ªpers. pl	tpo		‘nosotros caminamos’	
[tuh]	[hi’ŋ]		—>	tuhi’ŋ	hh —> h
lluvia	asoc			‘con lluvia’	
[kamam]		[ma]	—>	kamama	mm—> m
duro		asp		‘aún está duro’	
[pɨn]	[tam]	[ma]	—>	pɨndama	mm—> m
hombre	pl	loc		‘donde hay hombres’	

Los datos de 84 revelan que la simplificación de consonantes ocurre en los procesos morfológicos de derivación, composición y flexión, es decir, es un proceso que involucraría a todos los estratos del léxico, ya que no ocurre en el módulo posléxico, como lo afirman los ejemplos de 85.

(85)

te’ sihs sa’sa sohsu ‘la carne se coció bien’
[s:]
te’ kak kehku kuhyomo ‘el tigre se cayó del árbol’
[k:]

Ahora bien, si se optara por dar cuenta del proceso mediante una regla, ésta tendría la forma siguiente:

(86)

$$C_i\ C_i \longrightarrow C_i$$

El hecho esencial, y que es notorio en la formulación de esta regla, es que, por un lado, se trata de una regla carente de la especificación contextual que desencadena el proceso y por el otro, los segmentos involucrados son idénticos. Yip (1988: 74-75) señala que estas dos características dan como resultado reglas que no son autosuficientes, es decir, carecen de mayores informaciones acerca del proceso que intentan capturar. El PCO, como principio universal, proporciona tales informaciones, promueve, dispara y condiciona el cambio; de otra manera, las reglas como las de 86, en las cuales sistemáticamente hay una ausencia de información, resultan poco naturales en las gramáticas de las lenguas.

En la lengua zoque, el papel que tiene el PCO se vuelve un asunto crucial cuando examinamos la relación regla-estrato. Hemos mostrado, en 84 y en 85, que se trata de un proceso del módulo léxico; si optáramos por capturarlo mediante la regla de 86, estaríamos obligados a aplicarla en todos los estratos léxicos. Tal situación nos confronta directamente con el alcance teórico del modelo de la fonología léxica. En efecto, una de las intenciones de este modelo es la de capturar, mediante la noción de estratos, el comportamiento fonológico durante los diferentes procesos morfológicos; frente al proceso que nos ocupa, esta noción se desdibuja pues se trata de un proceso generalizado que no requiere ninguna división de estratos, y que sin embargo, no se realiza entre los lindes de palabra. Es un hecho que una regla fonológica puede aplicarse en más de un estrato; sin embargo, Mohanan (1986: 46) restringe la relación regla-estrato con la afirmación siguiente: "En ausencia de contra-evidencia, elíjase el número mínimo de estratos como dominio de una regla [. . .] Las reglas con múltiples estratos como dominio son menos comunes que aquellas que actúan sólo en un estrato."

Se podría decir que el proceso de simplificación del zoque representa el extremo de la relación regla-estrato, ya que no sucede en uno o en dos estratos, sino en todos y cada uno de ellos. La pregunta que surge es: ¿proporciona la evidencia contraria que busca Mohanan (1986) y que nos llevaría, como a él, a afirmar: "elíjase el máximo número de estratos como dominio de una regla"?

Pensamos que la respuesta es negativa; este proceso de simplificación, al igual que otros más del zoque, posee características particulares —tanto en su dominio, como en tipo de reglas que generan— cuya interpretación rebasa la relación regla-estrato para encontrar su explicación en la existencia de principios de índole universal. Dicho en otra forma, el PCO en el zoque, además de ser el motor del cambio, explica el alcance de un proceso que de otra forma invalidaría la necesidad de tener un léxico estructurado en estratos.

Con base en lo expuesto en Yip (1988) se puede reformular la regla de 86 en las siguientes cuatro partes.[32]

(87)

Simplificación consonántica (versión inicial)
Dominio: léxico
Grada: R
Desencadenador:
Cambio: desasociación de izquierda a derecha.

La ausencia de especificación del elemento desencadenador en la regla indica que el proceso no se efectúa a menos de que esté provocado "desde el exterior", es decir, generado por el PCO (Yip, 1988: 76). Asimismo, en la formulación de 87, hemos identificado al segmento de la izquierda como aquel que se elide; aunque las razones quedarán más claras cuando analicemos el efecto de orilla, diremos por ahora que la elección se basa en lo que hasta este momento sabemos acerca de la lengua. Recordemos que en los procesos de nasalización, armonía vocálica y copia vocálica, la propagación se realiza de izquierda a derecha. En este sentido, no hemos hecho sino generalizar, para este proceso, la direccionalidad elegida por la lengua.

Así, el proceso de elisión tendría lugar en representaciones como las siguientes (donde @ indica el valor de los rasgos respectivos, del nodo PA).

(88)

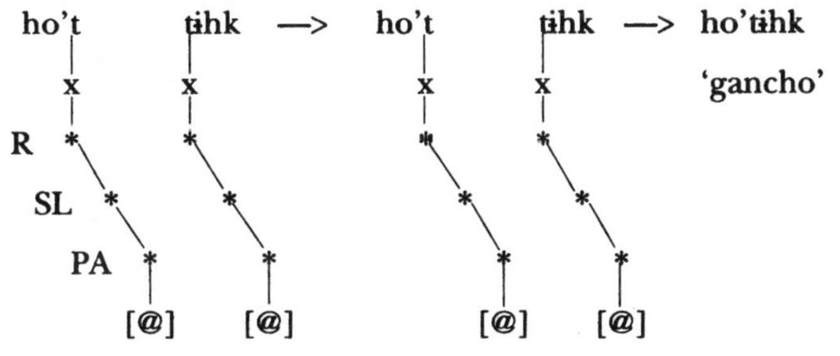

[32] Esta regla es un ejemplo de los intentos recientes por parametrizar las reglas fonológicas. Para la teoría fonológica autosegmental, es una de las preocupaciones centrales. (Véase Archangeli y Pulleyblank, 1994).

La posición vacía que deja la desasociación del nodo R, al no convertirse en el blanco de ninguna propagación, no se realiza fonéticamente. Las representaciones de 88 implican que el PCO impide secuencias de segmentos, cuyos valores son iguales en el nodo PA. Por el momento vamos a asumir que esto es así; con el análisis del otro tipo de simplificación consonántica, ofreceremos la evidencia necesaria para afirmar que en las secuencias de 88, la grada pertinente es el nodo SL.

La simplificación consonántica es pues uno de los mecanismos que tiene el zoque para resolver la violación del PCO que se originaría al tener dos segmentos iguales adyacentes; otro de sus mecanismos, y que hemos reservado para después, es precisamente el proceso contrario, el de inserción de /'/ cuando los segmentos adyacentes son dos vocales.

Ahora bien, en el efecto de orilla están presentes tres grupos de segmentos: las oclusivas, las fricativas y las africadas. Veamos una muestra ilustrativa.[33]

(89)

a.	[yahk]	[¢e'u]			—>	yah¢e'u	k¢ —> ¢
	caus	lavar				'lo hizo lavar'	
b.	[yahk]	[čina]	[ah]	[u]	—>	yahčina'ahu	kč —> č
	caus	naranja	vbz	tpo		'lo convirtió en naranja'	
c.	[aŋ]	[huktɨhk]	[¢at]		—>	aŋhuktɨh¢at	k¢ —> ¢
	mod	fuego	víbora			'nauyaca'	
d.	[toh¢]	[seh]			—>	tohseh	¢s —> s
	lengua	sim				'parecido a la lengua'	
e.	[¢ihwi¢]	[seh]			—>	¢ihwiseh	¢s —> s
	piña	sim				'parecido a la piña'	

En los ejemplos de 89 (*a*, *b*, *c*), dada una secuencia de oclusiva más africada, se elide la oclusiva; mientras que en los casos de *d* y *e*, la secuencia africada más fricativa se simplifica elidiéndose la africada. En ambos casos la consonante elidida es la del lado izquierdo. La teoría autosegmental proporciona una explicación cabal de este proceso, pues permite capturar el hecho de que las africadas tienen valores opuestos para el rasgo [continuo]. En términos autosegmentales, el efecto de orilla en el zoque se produce dada una representación como sigue. (Se abrevia el rasgo [continuo] como [c]).

[33] Lo limitado de los datos se debe a que sólo el causativo **yahk-** se termina con una oclusiva y sólo el comparativo **-seh** se inicia con una fricativa.

(90)

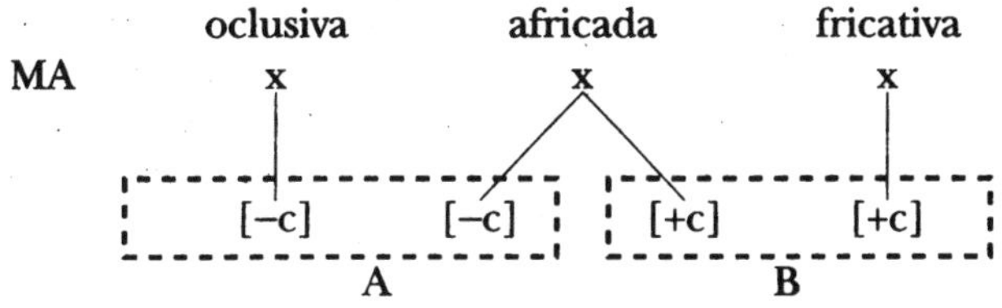

Los dos cuadros con líneas punteadas muestran por qué es posible el cambio. Las especificaciones de A se refieren a la secuencia oclusiva africada, y las de B, a la sucesión de africada fricativa. Tanto en A, como en B, los valores del rasgo [c] son los mismos. Se trata de un fenómeno de orilla debido al PCO que impide una secuencia de valores iguales en la grada de continuidad. Según los datos de 89 (*a*, *b*, *c*), se produce una elisión debido a las especificaciones iguales en la orilla izquierda y según los datos de 89 (*d*, *e*) la misma situación sucede en la orilla derecha. En 91, se dan las representaciones de las secuencias **k¢** y **¢s**; incluyen sólo los nodos pertinentes.

(91)

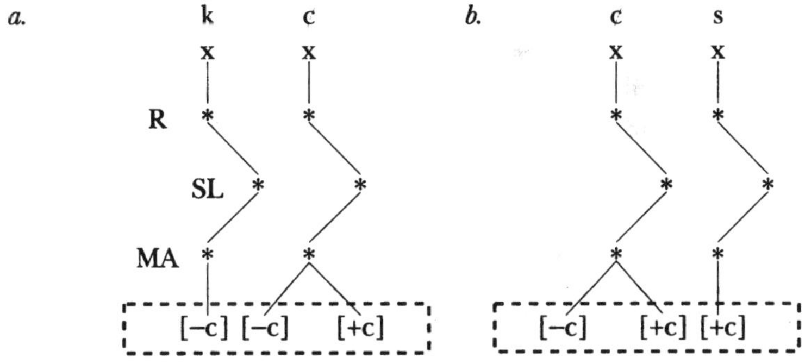

La parte punteada de 91 muestra la situación violatoria al PCO: en *a*, las especificaciones [−c] son contiguas del lado izquierdo de la africada, y en *b*, la contigüidad resulta en los valores [+c] y se localiza del lado derecho.

Quizá se podría refutar que se trata de un fenómeno de orilla, y en su lugar proponer la solución a este proceso con el par de reglas de 92.

(92)

k —> Ø / __ ¢

¢ —> Ø / s __

Varios argumentos se pueden dar en contra de este análisis. El más importante es que detrás de la formulación de 92 se oculta el hecho de que la elisión de **k** y de **¢** son un solo proceso. Por otra parte, si quisiéramos identificar en 92 un único proceso y lo formuláramos en una sola regla, como en 93, tendríamos una situación igual a la del proceso general de elisión:

(93)

[@ cont] [@ cont] —> [@ cont]

Es decir, estaríamos frente a una regla sin contexto que simplifica una secuencia de segmentos contiguos e iguales, en la especificación del valor continuo; en este sentido, nuestra reflexión se vuelve circular ya que las observaciones que hicimos a la regla de 86 serían las mismas para la de 93. Debemos pues concluir que el PCO propicia que en el zoque se elidan los segmentos en secuencia cuyas especificaciones lo violan. Agreguemos también que en este efecto de orilla la presencia del PCO salva las implicaciones para los estratos ya que no sucede en el módulo posléxico:

(94)

te'	kak ¢a'ma'omo ihtpa	'el tigre vive en el cerro'
	[k¢]	
te'	kop ¢e'ŋu	'el horcón se ladeó'
	[p¢]	
te'	hap ¢a'ahu	'la cal se hizo piedra'
	[p¢]	
te'	to't ¢e'ŋu	'el gusano se ladeó'
	[t¢]	

Ahora bien, con lo dicho hasta aquí, no son pocas las semejanzas entre el efecto de orilla y el proceso general de elisión: ambos tienen el mismo dominio, son promovidos por el PCO y lo más importante, en ambos hay una elisión consonántica. Nuestro análisis puede alcanzar un nivel explicativo mayor reconociendo que el proceso de orilla no es sino una manifestación de la simplificación consonántica. Admitirlo, tiene la ventaja de ahorrarnos la regla del efecto de orilla y de poder fundir, en uno solo, dos procesos en apariencia distintos. Para ello, hay que indagar algunas cuestiones de la lengua. De entrada, si la grada pertinente en el efecto de orilla es la [continua], debemos preguntarnos si ésta es válida en el proceso general de elisión consonántica. Al parecer, la respuesta es negativa en el zoque. Veamos algunos datos:

(95)

[kih**p**]	[**k**uy]	—>	kih**pk**uy	*kihkuy
pelear	nom		'pelea'	
[peht]	[**k**uy]	—>	peh**tk**uy	*pehkuy
barrer	nom		'escoba'	

Los ejemplos de 95 nos indican que en la secuencia **pk** y **tk**, es decir, dos segmentos con el valor [–c], no hay elisión de ninguno de ellos. Lo anterior nos hace sospechar que la grada [continua] no es la única que está en juego en el proceso. De la misma manera, tampoco podemos afirmar que el nodo PA es el único involucrado, ya que si así lo hiciéramos, llegaríamos a la situación contraria, es decir, podríamos explicar la simplificación de los datos de 84, pero no del efecto de orilla, en el cual los segmentos tienen diferentes valores en dicho nodo. Dado que intentamos interpretar el efecto de orilla, como parte de un proceso más general, se puede reconciliar esta situación recurriendo a la subespecificación de las africadas en su nodo PA. Respecto a su punto de articulación, las africadas del zoque se pueden caracterizar con los siguientes rasgos:

(96)

	ȼ	č
cor	+	+
bajo	–	–
ant	+	–
alto	–	+

Podemos subespecificar estos segmentos como sigue:

(97)

	ȼ	č
cor		
bajo	–	–
ant		
alto		+

Las reglas de especificación de 98, suministrarán los rasgos ausentes:

(98)

[ ] —> [+cor]
[ ] —> [–alto]
[+alto] —> [–ant]
[–alto] —> [+ant]

Con este recurso teórico podemos unificar el proceso diciendo que el nodo pertinente para la violación del PCO es el nodo SL. Veamos las representaciones subespecificadas de las secuencias **k¢**, **¢s**.

(99)

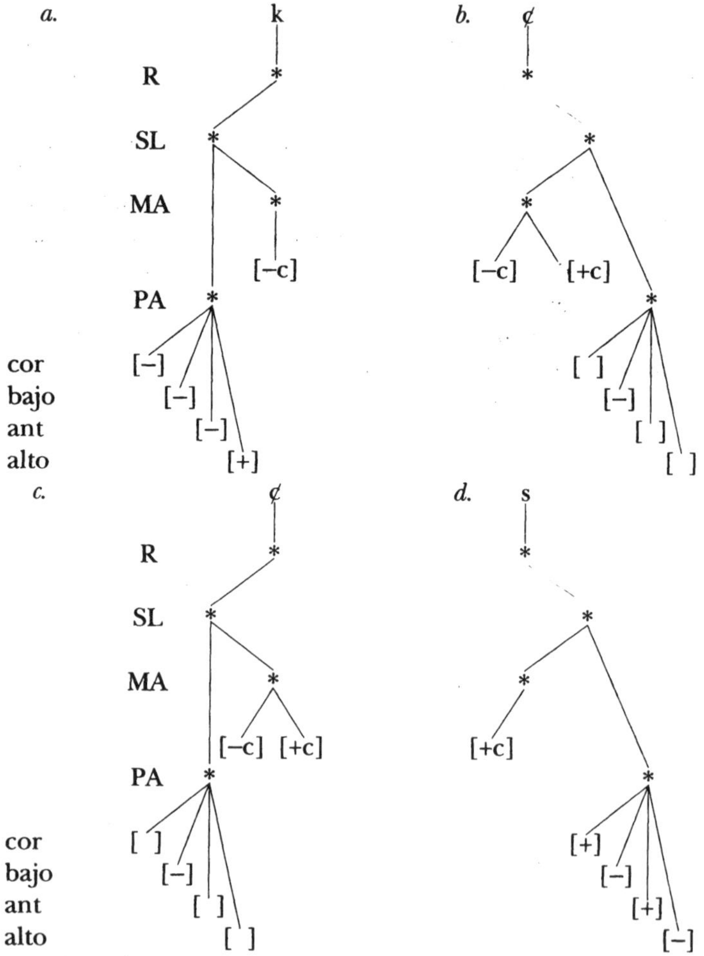

El recurso a la subespecificación de las africadas, permite integrar el efecto de orilla en un proceso mayor de simplificación de consonantes; como lo muestran las representaciones anteriores, los valores presentes en las africadas son los mismos que en el segmento que les antecede y les sigue, en el nodo SL. Aún más, si el nodo pertinente para la violación del PCO es el SL, podemos entonces explicarnos por qué la secuencia **pk**, en **kihpkuy**, *pelea*, no se simplifica. Veamos las representaciones respectivas de estos segmentos:

(100)

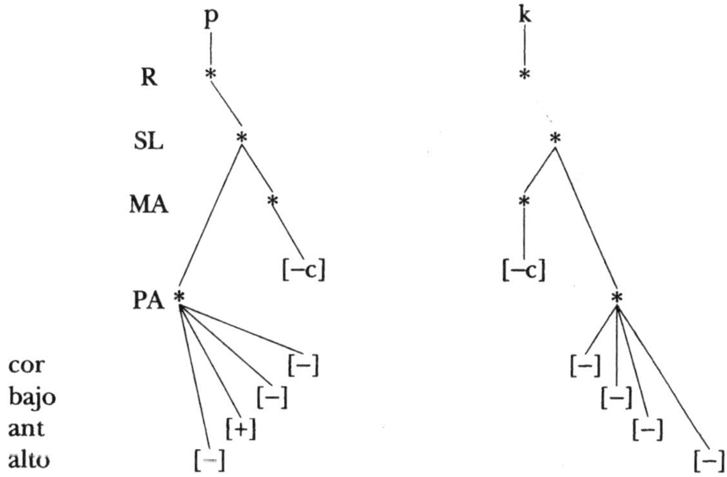

En efecto, la secuencia **-kp-** no se simplifica debido a que la identidad no se satisface en el nodo SL, pues a pesar de que son [−c], es decir son iguales en el nodo MA, respecto a PA sus valores son distintos.

La regla de 87, reformulada como el 101, asegura los resultados deseados.

(101)

Simplificación consonántica (versión definitiva)
Dominio: léxico
Grada: SL
Desencadenador:
Cambio: desasociación máxima de izquierda a derecha

La especificación "máxima" en la regla implica que se trata de un proceso que afecta al nodo más alto, al nodo máximo, permitido por el nodo SL (Archangeli y Pulleyblank, 1986). Ese nodo máximo es el nodo R, en donde tiene lugar la desasociación. Veamos las derivaciones de [**kihp**] [**pa**], *pelea* y [**toh¢**] [**seh**] *semejante a la lengua.*

(102)

a.

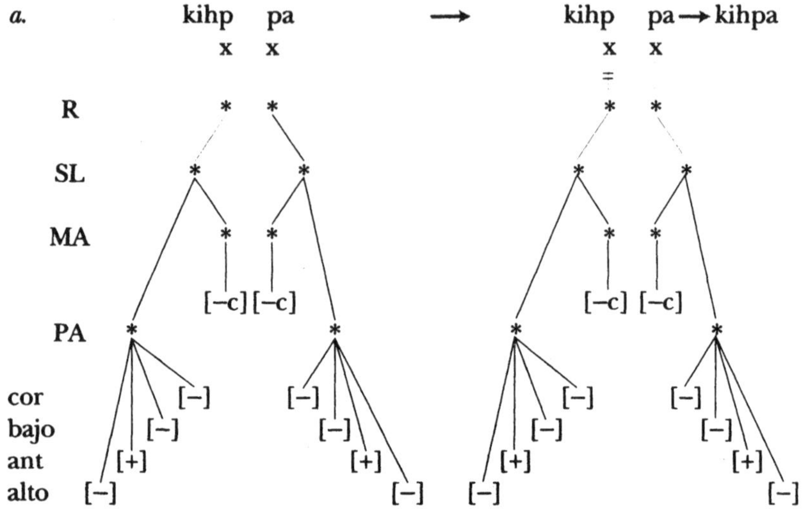

b.

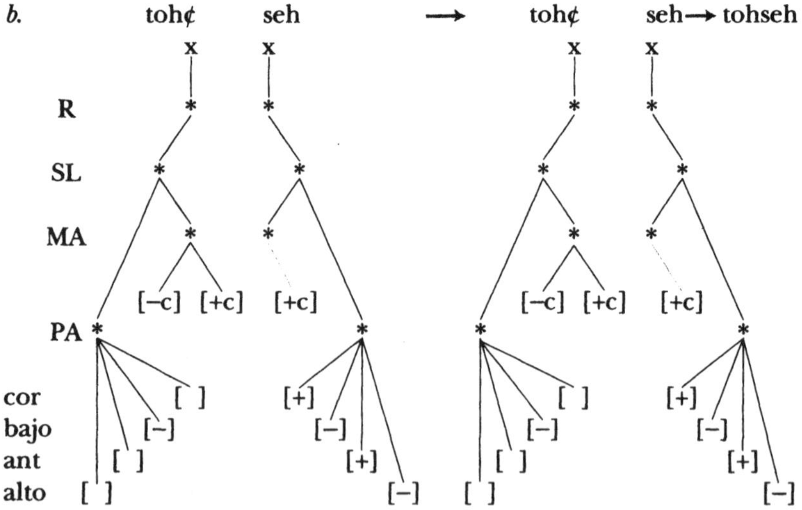

Tanto en 102*a*, donde se simplifica el grupo pp —> p, como en *b*, donde ¢s —> s, la regla leerá las especificaciones del nodo SL y desasociará el nodo máximo que domina al nodo SL, es decir, al nodo R. Una vez que la regla haya hecho sus efectos, las reglas de especificación suministrarán los rasgos a los segmentos.

V. ESTRUCTURAS MÉTRICAS

Bajo el rubro general de estructuras métricas, reuniremos dos aspectos del estudio fonológico de la lengua: el acento y la sílaba. Desde la perspectiva plurilineal, su reunión es casi inevitable pues ambos suponen representaciones fonológicas jerarquizadas en constituyentes. Trataremos primero el acento y con base en lo expuesto en Dell y Vergnaud (1984), Hayes (1985) y Halle y Vergnaud (1987), intentaremos precisar los parámetros que están en juego en la generación del patrón acentual del zoque. Para mayor claridad en la exposición, es necesario puntualizar antes algunas nociones teóricas. Adoptamos el planteamiento de Halle y Vergnaud (1987: 5), según el cual para la representación del acento se dispone de dos gradas: una central que representa a las unidades portadoras, es decir a las vocales, y una superior que representa una secuencia de posiciones asociadas con las unidades portadoras. Veamos un ejemplo concreto con la palabra **¢á'ma**, *cerro*, (el acento agudo marca el acento principal).

(1)

x x	grada de las posiciones
¢á'ma	grada de los segmentos

En 1, cada x representa un núcleo silábico, es decir, una unidad susceptible de recibir el acento. Dado que en la palabra de 1 hay una sílaba que tiene mayor prominencia que la otra, es decir, corresponde a la sílaba acentuada, la secuencia de las x se analiza en constituyentes y en ellos se distingue al elemento preponderante como la cabeza del constituyente y al otro como su dominio. Los límites de la secuencia en constituyentes se marcan mediante el uso de paréntesis, con lo cual se tiene una organización fonológica de las secuencias de x. En nuestro ejemplo, esto se representa como en 2.

(2)

Los elementos acentuados son la cabeza del constituyente y corresponden a la rama marcada con el punto, en el árbol binario de 2.

El patrón acentual de las lenguas se expresa mediante la elección de tres parámetros (Halle y Vergnaud, 1987: 9-10).

(3)
a. Si los constituyentes son [–] o [+] limitados.
b. Si los constituyentes tienen la dominancia del lado izquierdo/derecho.
c. Si los constituyentes son o no cabeza.

El parámetro de 3*a* puede caracterizar dos tipos de lenguas: aquellas que tienen constituyentes [–] limitados, en las cuales se observa un solo acento, y las que presentan un acento primario y otro secundario, en cuyo caso los constituyentes serán [+] limitados; 3*b* nos indica la posición de la cabeza, ya sea en constituyentes ilimitados o limitados, y 3*c* es el parámetro para aquellas lenguas con más de un acento, en las cuales es necesario señalar la preponderancia a nivel de la palabra. Así, los parámetros de 3*a* y *b* definen cuatro tipos de constituyentes:

(4)

[–] limitados	[+] limitados
a.	*b.*
$(\dot{x}\ x\ x\ x\ x)$	$(\dot{x}\ x)$
c.	*d.*
$(x\ x\ x\ x\ \dot{x})$	$(x\ \dot{x})$

En *a* y *c*, se trata de constituyentes ilimitados con la dominancia a la izquierda y a la derecha, respectivamente; *b* y *d* son binarios con la respectiva dominancia en ambos lados. El parámetro de 3*c* define dos tipos de configuraciones:

(5)

a.

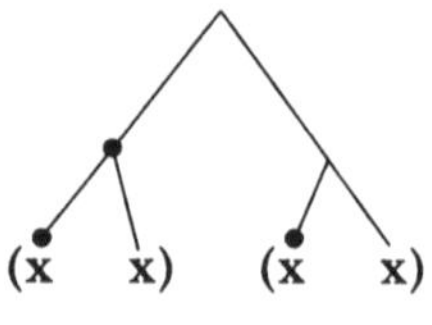

b.

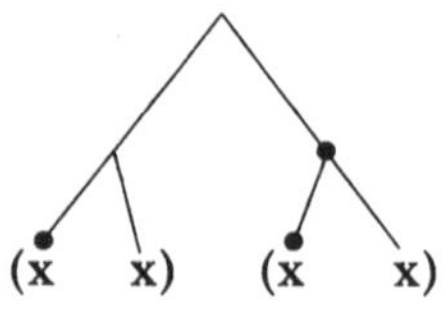

En 5*a* el constituyente dominante de la palabra se ubica a la izquierda y corresponde a las lenguas cuyo acento principal recae en la primera sílaba y tienen un acento secundario que alterna en las demás sílabas; el de 5*b* también alterna un acento secundario, pero el acento principal se encuentra en el constituyente de la derecha. Como se observa en las configuraciones de 5, las lenguas que alternan dos acentos generan representaciones con dos capas de arborescencia: aquella que reúne a los constituyentes —llamada capa de los pies—, y una superior que los agrupa —llamada capa de la palabra—. En cada una de ellas, la dominancia es el resultado de la elección del parámetro de 3*b*. Dado que el zoque es una lengua con más de un acento en la palabra, requeriremos representaciones como las de 4*b* y *d* y por supuesto, como las que aparecen en 5.

Cabe señalar que el mecanismo que hace posible la construcción de los pies es el resultado de las reglas particulares de la lengua. En efecto, en una secuencia con un número impar de elementos, prescindiendo de la elección que haga la lengua de la dominancia (parámetro 3*b*), resultan dos posibles agrupamientos:

(6)

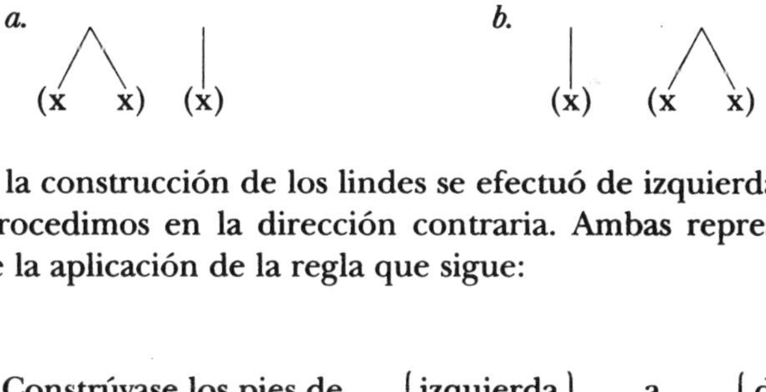

En 6*a*, la construcción de los lindes se efectuó de izquierda a derecha y en 6*b*, procedimos en la dirección contraria. Ambas representaciones resultan de la aplicación de la regla que sigue:

(7)

$$\text{Constrúyase los pies de} \begin{Bmatrix} \text{izquierda} \\ \text{derecha} \end{Bmatrix} \text{ a } \begin{Bmatrix} \text{derecha} \\ \text{izquierda} \end{Bmatrix}$$

De 7 inferimos que aunque particulares, las reglas de construcción de los pies están regidas por el parámetro de la direccionalidad.

Patrón acentual

Para establecer los parámetros que operan en el zoque examinemos las características de su patrón acentual; veamos primero las palabras con dos unidades portadoras (el punto indica la división silábica).

(8)

a. tó.me 'cerca'
2 1

ná.yi 'cera'
2 1

¢í.nu 'miel'
2 1

mó.'oht 'suegro'
2 1

b. [sɨhk] [tam] —> sɨ́hk.tam
frijol pl 2 1
'frijoles'

[ki'm] [u] —> kí'.mu
subir tpo 2 1
'subió'

[ki'm] [i] —> kí'.mi
subir nom 2 1
'subida'

[kihp] [kuy] —> kíhp.kuy
pelear nom 2 1
'pleito'

Los ejemplos de 8 indican dos aspectos importantes: por un lado, en todos los casos el acento se observa en la sílaba par, de derecha a izquierda, sea ésta una sílaba simple (8*a*), o bien contenga una rima compleja (8*b*); por otro lado, su ubicación no considera la composición morfológica de la palabra, pues ya se trate de derivación o de flexión, el acento siempre cae en el mismo lugar. Esto quiere decir que estamos frente a una lengua con acento fijo, en la cual los diferentes afijos no forman grupos en razón de si modifican o no el acento de la base, sea cual fuere el afijo, el acento se localiza en la penúltima sílaba. Esta segunda característica no deja de tener consecuencias para un modelo de estratos. Van der Hulst y Smith (1982b: 34) señalan que en las lenguas que no involucran la morfología, la estructura prosódica es no cíclica, es decir, se asigna una vez que han tenido lugar todos los procesos morfológicos. Trasladada a nuestro modelo, esta observación permite afirmar que el acento tiene lugar en el módulo posléxico.

Volvamos a los datos de 8 para señalar que esa misma regularidad en el acento se observa incluso en la adaptación que hace la lengua de los préstamos del español.

(9)

kostál —> kóstal
ánima —> aníma
mor̃ál —> mór̃al
ar̃ós —> ár̃us

Así, los datos hasta ahora expuestos generan una representación como la siguiente:

(10)

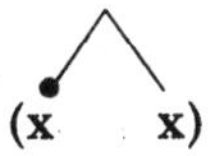

Se trata de un pie binario, cuya dominancia aparece del lado izquierdo. Esto nos sugiere que la lengua elige la opción de la izquierda de parámetro de 3*b*. Veamos más datos para confirmarlo (el acento grave indica acento secundario).

(11)

[koke]	[tumin]			—>	kòketúmin
pescado	dinero				4 3 2 1
'escama'					
[wi'k]	[kuy]	[kɨhɇ]	[tɨhk]	—>	wì'kukyɨ́hɇtɨhk
comer	nom	tomar	nom		4 3 2 1
'cuchara'					
[ho'ma]	[pahsun]			—>	hò'mapáhsun
gris	calabaza				4 3 2 1
'calabaza maciza'					
[tome]	[ah]	[u]		—>	tòme'áhu
cerca	vbz	tpo			4 3 2 1
'se acercó'					

Los ejemplos anteriores contienen cuatro unidades portadoras; en ellos hay un acento principal en la penúltima sílaba y un acento secundario que alterna en las sílabas pares. Esta alternancia genera una representación como la de 12, en la cual nuevamente tenemos pies binarios con la dominancia a la izquierda.

(12)

Examinemos ahora los casos de palabras con un número impar de sílabas.

(13)

a.	[yawa]	[sɨhk]			—> yawásɨhk
	tierno	frijol			'ejote'
	[tu'ȼ]	[maȼa]			—> tu'ȼmáȼa
	cola	estrella			'cometa'
	[ehȼ]	[is]	[u]		—> ehȼísu
	bailar	rev	tpo		'bailó un ratito'
	[mɨhk]	[omo]			—> mɨhkómo
	rocío	loc			'en el rocío'
	[ki'ps]	[ke't]	[u]		—>ki'pské'tu
	pensar	asp	tpo		'pensó de nuevo'
b.	[ehȼe]	[kowina]			—> ehȼèkowína
	baile	jefe			'jefe de los danzantes'
	[yaȼi]	[ah]	[is]	[u]	—> yaȼì'ahísu
	malo	bvz	rev	tpo	'fue malo un tiempo'
	[masan]	[tɨhk]	[omo]		—> masàndɨhkómo
	bendita	casa	loc		'en la iglesia'
	[tome]	[ah]	[is]	[u]	—> tomè'ahísu
	cerca	bvz	rev	tpo	'se acercó por un tiempo'

Con los casos anteriores, además de reafirmar lo ya dicho respecto al acento primario y secundario, observamos que cuando hay un número impar de sílabas, la inicial no recibe acento. En estos casos, al organizar las sílabas en pies resulta un constituyente con un solo elemento, denominado pie defectivo debido a que no se bifurca como los otros. Estos casos son cruciales para definir la direccionalidad en la construcción de los pies, ya que podemos obtener dos representaciones distintas.

(14)

a.

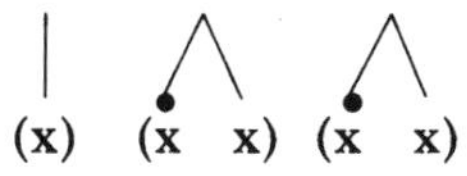

b.

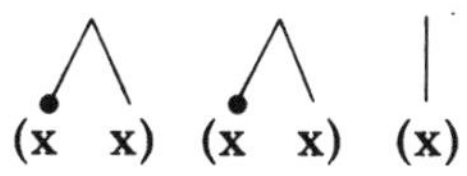

En 14*a*, los pies se construyeron de derecha a izquierda, mientras que en *b* se hizo la agrupación en sentido inverso. La dirección que requiere el zoque es la que se indica en 14*a*, pues si le adjudicáramos la estructura de 14*b* a **ehȼekowina**, *jefe de los danzantes*, en lugar de obtener **ehȼèkowína**, tendríamos ***èhȼekówina**. Podemos entonces decir que en la lengua se construyen, de derecha a izquierda, pies binarios con dominancia a la izquierda.

Dado que el pie defectivo en el zoque no está acentuado podemos apoyarnos en el planteamiento de Hayes (1985: 132) quien propone dos posibles mecanismos para su explicación: una regla que los elida o bien una restricción que ciña la construcción de los pies sólo a aquellos que bifurcan.

(15) p —> Ø / |

(16) —Constrúyase pies binarios

La regla desasociará aquellos pies defectivos y la restricción dejará de construirlos. Veamos las consecuencias de ambas opciones:

(17)

regla de 15

a.

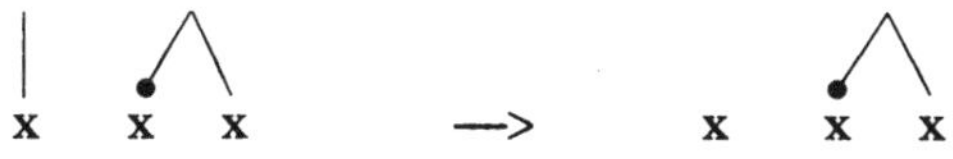

b.

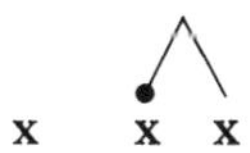

Es evidente que preferimos la solución de 17*b*; la regla de elisión multiplica el trabajo. De hecho, la organización de las sílabas en pies binarios se desprende naturalmente de la lengua a partir de la alternancia acentual que tiene: el acento principal en la penúltima y el secundario en las sílabas pares. Con lo anterior podemos formular el acento del zoque de la siguiente manera:

(18)

—Los constituyentes son [+] limitados (parámetro 3*a*).
—Los constituyentes tienen la dominancia a la izquierda (parámetro 3*b*).
—El constituyente de la derecha es la cabeza de la palabra (parámetro 3*c*).

La regla de construcción de los constituyentes tendrá la forma siguiente:

(19)

—Constrúyase los pies a partir de la derecha.
—Constrúyase sólo pies binarios.

Veamos algunas derivaciones con **yawashk**, *ejote* y **koketumin**, *escama.*

(20)

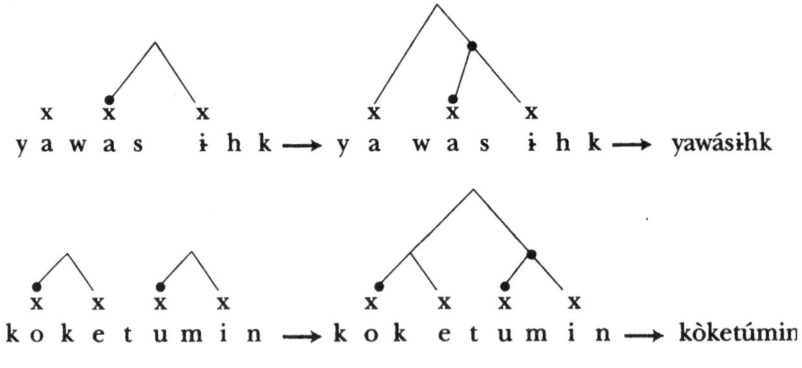

En las palabras con un número impar de sílabas, el pie que resulta defectivo queda libre y se incorpora al árbol de la palabra.

ESTRUCTURA SILÁBICA

Preliminares

El estudio silábico del zoque permitirá engarzar varios objetivos: por un lado, mediante el análisis de esta unidad lingüística, se podrán conocer las secuencias posibles de segmentos en torno a un núcleo silábico; por otro lado, y en conexión con este aspecto descriptivo, se encuentra la intención explicativa, en la medida en que la lengua presenta dos procesos fonológicos que sólo son entendidos si se alude a la estructura silábica y a ciertos principios generales.[1]

Los fenómenos en cuestión son la inserción de / '/ entre dos vocales y la metátesis de yod. El primero de ellos encuentra una explicación en el PCO que actúa en el nivel de los núcleos silábicos, impidiendo una secuencia de unidades nucleares. Por el alcance que tiene y la regla que genera, la metátesis de yod plantea, nuevamente, el cuestionamiento regla-estrato; creemos que se puede explicar satisfactoriamente si se considera como un proceso motivado por el aprovechamiento máximo de las posiciones en la plantilla silábica.

Trataremos el estudio silábico del zoque desde la perspectiva de la fonología métrica, cuyos inicios se encuentran expuestos en Kahn (1976), desarrollados posteriormente en Clements y Keyser (1983), Kiparsky (1979), y más recientemente en Selkirk (1982b, 1984), Harris (1983) y Clements (1990). Antes de analizar la relación entre estructura silábica y procesos fonológicos, queremos indagar las regularidades que tiene la lengua en sus sílabas, por ello, en primer término nos interesa esclarecer las siguientes cuestiones:

(1)

a. Caracterización de las estructuras silábicas del zoque.
b. Caracterización de las secuencias posibles.
c. Establecimiento de las condiciones de buena formación.

Para el punto de *b*, señalemos que se trata de definir el conjunto posible de segmentos, tanto iniciales, como finales, en una estructura binaria y jerarquizada como la de 2.

(2)

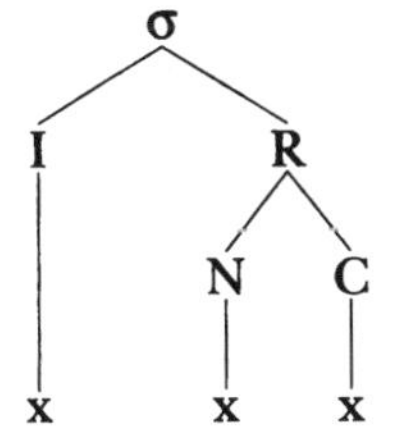

[1] La sílaba del zoque es un aspecto muy poco estudiado; en la actualidad, sólo se cuenta con los comentarios que al respecto hizo Wonderly (1951b) y el breve estudio del sierra popoluca debido a Elson (1947).

La grada x representa posiciones funcionales de la sílaba que marcan la duración del segmento, mientras que I (inicio), N (núcleo) y C (coda) son los constituyentes menores de la sílaba, cuyos miembros son x.

La estructura silábica de las lenguas se concibe como una plantilla que abarca todas las posibilidades de las posiciones terminales. La asociación de los segmentos con dichas posiciones, se efectúa mediante el mecanismo universal de mapeo de la sílaba. Este mecanismo está regido por las condiciones positivas y negativas de buena formación que son particulares a la lengua. Además de la plantilla, se considera que existen condiciones universales de buena formación de la estructura silábica; una de ellas es la Condición Universal del Núcleo Silábico (CUNS), que privilegia la sílaba CV en las lenguas pues requiere que una secuencia CV de segmentos se analice, universalmente, como tautosilábica, según se expresa en la condición de 3 (Itô, 1986: 5).

(3)

si C V

entonces σ

La condición necesaria a la silabificación de los segmentos, es lo que Selkirk (1984), entre otros, denomina escala universal de sonoridad. Esta hipótesis se concretiza en el principio conocido como Generalización de las Secuencias Sonoras (GSS). En esencia, la GSS captura el hecho de que los segmentos en la sílaba se acomodan en torno al núcleo según su sonoridad inherente; su agrupamiento en la sílaba presenta un movimiento de aumento-disminución de sus constituyentes: en el inicio de la sílaba, los segmentos mantienen un orden lineal de sonoridad creciente, del inicio de la sílaba hacia el núcleo, mientras que en la rima, se ordenan de manera decreciente, a partir del núcleo, hacia el segmento final de la coda. Nos basaremos en Selkirk (1984), quien ha propuesto una escala que se deriva de la división de los segmentos según los rasgos de clase mayor, es decir, vocales, glides, sonorantes y consonantes.[2]

[2] La hipótesis de Selkirk (1984), expresada y desarrollada también en Hooper (1976), tiene gran arraigo en la tradición lingüística; tanto Jespersen (1913), como Saussure (1915), coinciden en afirmar que el análisis de la sílaba desde el punto de vista de su estructura fonética, conduce al establecimiento de una jerarquía; ya sea con base en la sonoridad de los segmentos, tal como lo sostiene Jespersen (1913), o bien con base en las diferencias en los grados de ensanchamiento del canal bucal, como es el punto de vista de Saussure (1915) (*apud* Hála, 1956: 21 y ss).

Caracterización de la estructura silábica

En los datos que siguen, se incluye una muestra representativa de los tipos de sílaba en zoque.

(4)

a.	o.¢o 'papaya' ih.tu 'hubo' eh¢.pa 'baila'	*b.*	me.ya 'lago' ¢o.koy 'corazón' pa'.tam 'hígados' he'k. te.nu 'suspiró' nu'ks.pa 'prestó'
c.	nih.pya.hu 'ellos sembraron' ki'.myah.pa 'ellos suben' kyu't.pa 'lo come' pyo'ks.pa 'lo monta'	*d.*	wya.ne 'su canción' wyoh.kuy 'su ladrido' wyɨh¢.kuy 'su peine' wyehks.pa 'lo desgaja'
e.	mbe'.ču 'mi pato' ŋge'.tu 'yo miré' ndɨhk 'mi casa'		

Estos distintos ejemplos se resumen como sigue:

(4')

a.	*b.*	*c.*	*d.*	*e.*
V	CV	CGV	GGV	NC
VC	CVC	CGVC	GGVC	
VCC	CVG	CGVCC	GGVCC	
	CVCC	CGVCCC	GGVCCC	
	CVCCC			

De los datos anteriores se desprenden varias observaciones. En primer término diremos que el inicio es un constituyente opcional en la sílaba; cuando está presente incluye una o dos posiciones. Sin embargo, los inicios de dos posiciones contienen siempre una nasal que antecede a la obstruyente. Ya que no existen en la lengua secuencias del tipo *ptV, *kpV, que nos llevarían a considerar dos posiciones, y dado que los casos de 4*e* se pueden analizar como segmentos prenasalizados que ocupan una sola posición, como lo hemos visto en el apartado sobre nasalidad, podemos decir que cuando una sílaba tiene inicio, éste incluye una sola posición. Frente a la sencillez del inicio, la rima del zoque parece ser un constituyente de mayor complejidad. Incluye a los glides como elementos prenucleares y posnucleares, al núcleo y puede tener hasta tres consonantes en la coda. A reserva de que presentemos argumentación que lo sustente, por el momento no vamos a considerar las rimas del tipo VG, ni al último elemento de las codas con tres posiciones; también vamos a considerar que los casos de 4*d*, no forman un tipo de sílaba distinto, sino que /w/ puede funcionar como cualquier consonante; con ello, esos casos entran a formar parte del tipo de sílaba de 4*c*. Hechas estas salvedades, la plantilla silábica del zoque es como en 5.

(5)

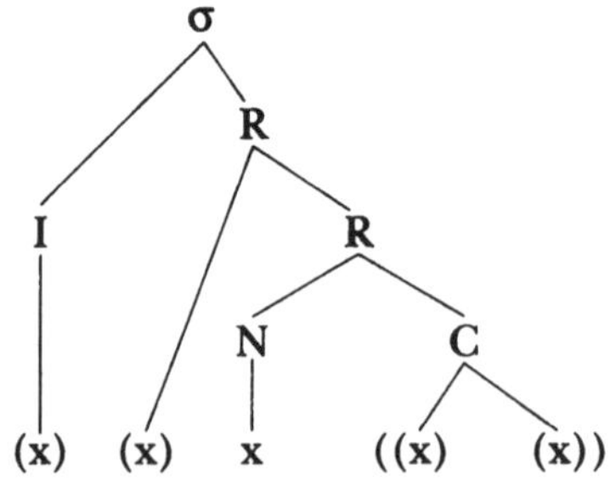

Dicha plantilla tiene la función de codificar el número mínimo y el máximo de las posiciones terminales en ambos constituyentes, a saber: una vocal como elemento mínimo y obligatorio, hasta la estructura más compleja de CGVCC.

Inicio

Ya hemos observado que el inicio y la coda son constituyentes opcionales de la sílaba, en los ejemplos de 4*a* se aprecia que hay sílabas formadas por una sola vocal, aunque hay que aclarar que están restringidas a inicio de palabra. Como más adelante mostraremos, esto se debe a que la silabificación del zoque se rige por la CUNS.

Hemos considerado a /w/ como un segmento que puede ocupar la posición de inicio. De hecho, discutir la posición de /w/ nos lleva directamente a preguntarnos por /y/, /h/ y /'/. Veamos primero la relación entre /y/ y /w/. Los datos que siguen muestran que /w/ se comporta como cualquier consonante respecto a la metátesis de yod:

(6)

[y]	[we'ke]		—>	wye'ke
3ª sing, pos	ceto			'su ceto'
[y]	[woh]	[kuy]	—>	wyohkuy
3ª sing, pos	ladrar	nom		'ladrido'
[y]	[poki]		—>	pyoki
3ª sing, pos	rodilla			'su rodilla'
[way]	[kuy]		—>	wakyuy
moler	nom			'la molienda'

En la medida en que la lengua no permite la secuencia *yw, ni tampoco tiene secuencias del tipo *Cw, en cuyo caso /w/ sería un elemento prenuclear igual que /y/, creemos que /w/ se comporta más como las consonantes que como las vocales de la lengua. Por otra parte, /w/ tiene una restricción de coocurrencia que no tiene /y/. Como se muestra en los datos que siguen, /y/ puede ocurrir con la vocal alta correspondiente, mientras que /w/ nunca ocurre con /u/.

(7)

Ya	ya.mohk
	'elote'
Ye	ye.nu
	'alto'
Yo	ko.yo.hu
	'pagó la deuda'
Yi	na.yi
	'cera'
Yɨ	yɨhk
	'negro'
Yu	yu.yu
	'flor de calabaza'

Wa wa.ka
'cesto'
We wehk.pa
'grita'
Wo wo.hu
'ladró'
Wi ni.wi
'chile'
Wɨ wɨȼ.kuy
'peine'
* **Wu**

La ausencia de un grupo GV, con los mismos valores para la altura y el valor [+] para el redondeamiento, nos habla de la restricción de /w/ frente a la libertad de /y/ para aparecer con la vocal /i/. Comparemos ahora el comportamiento de /h/ y /'/ entre sí y posteriormente de ambos con /y/.

(8)

a. nɨ'.hi'ŋ — *nɨ.'hi'ŋ
'con agua'
a'.hi'ŋ — *a.'hi'ŋ
'con canoa'
b. tu.hya.hu — *tuh.ya.hu
'ellos dispararon'
we.hya.hu — *weh.ya.hu
'ellos gritaron'
ku.hyap — *kuh.yap
'ceniza'
yu.'yu — *yu'.yu
'se marchitó'
ȼe.'ya.hu — *ȼe'.ya.hu
'ellos lavaron'
c. wye'.ke
'su cerco'
wyoh.kuy
'su ladrido'

En 8*a* se muestra la imposibilidad de /h/ y /'/ para formar juntos una sílaba, contrario a lo que sucede en 8*c* y en los ejemplos de 6, donde /w/ y /y/ aparecen juntos. A los datos de 8*b* podemos agregar la inexistencia en la lengua de secuencias *hw, *'w y podemos compararlos nuevamente con 8*c* y con los de 6, para concluir que son elocuentes al respecto: nos dicen que /y/ y /w/, dos segmentos en apariencia semejantes, funcionan de manera distinta en la lengua: /w/ al igual que /'/ y /h/ pueden ocupar el inicio, mientras que el lugar de /y/ se encuentra en la rima como segmento prenuclear. Lo anterior supone que a excepción de /y/, cualquier segmento puede ocupar el inicio de sílaba. Una ejemplificación exhaustiva se encuentra en 9.

(9)

pohk
'tecomate'
to.me
'cerca'
kehk.pa
'cae'
sih.ku
'se rió'
ka.ši
'gallina'
¢ih.ki
'despellejado'
pe'.ču
'pato'
ma.¢a
'estrella'

na'.¢e
'miedo'
su.ñi
'bonita'
to.ŋu
'bebió'
ka.' u.ne
'dedo de la mano'
ho.ko
'humo'
wye'.ke
'su ceto'

Esta regularidad motiva la siguiente condición:

(10)

I
|
x
[–sil]

La condición anterior genera los inicios silábicos; permite a los segmentos [–sil] ocupar esa posición. Sin embargo, aunque adecuada, 10 tiene un efecto sobregenerador pues no excluye a /y/. Se puede descartar este segmento del inicio mediante la condición negativa de 11.

(11)

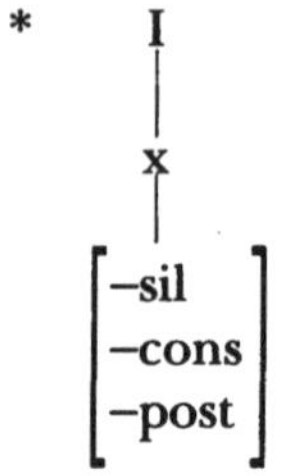

La función de 11 es la de asegurar que a excepción de /w/, ningún segmento [–sil] y [–cons] forme el inicio.

Rima

La rima del zoque incluye una posición prenuclear opcional al núcleo y a dos segmentos terminales de la coda. Sobra decir que en el núcleo puede ocurrir cualquier vocal; la posición prenuclear se satisface con la condición positiva que sigue:

(12)

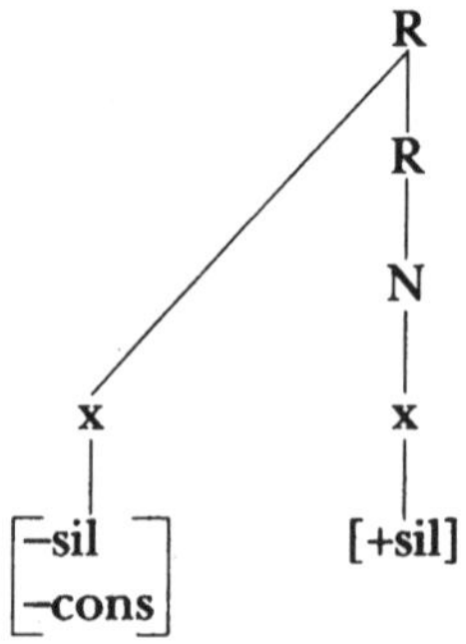

Las rimas del tipo VC tienen muy pocas restricciones, en 13 se da una muestra de ello.

(13)

Vp	sap.ne 'plátano'
Vt	¢u'.hot 'pájaro'

Vk	'ok.¢a'
	'tenamaste'
Vs	us.pi
	'cocodrilo'
Vš	maš.kuy
	'sucio, feo'
V¢	tu¢.ma.¢a
	'cometa'
Vč	ač.pɨ
	'viejo'
Vm	kom.seh
	'parecido a un horcón'
Vn	kun.¢a
	'paloma de buen agüero'
Vŋ	aŋ.sihs
	'labio'
* Vñ	
Vh	koh.so
	'pie'
V'	ti'.ki
	'ardilla'
* Vw	

Según los datos anteriores, a excepción de /ñ/ y de /w/, cualquier segmento del nivel léxico puede ocupar la coda, cuando ésta tiene una sola posición. Sin embargo, su exclusión no requiere ningún filtro. Son dos segmentos imposible de ocurrir en una secuencia como *VñCV, o *VwCV en cuyo caso se silabificarían como Vñ.CV y Vw.CV respectivamente. Para el caso de /ñ/ esta posibilidad queda descartada por dos razones:

(14)

a.	[y]	[nihp]	[u]	—>	ñihpu
	3ª sing	sembrar	tpo		'sembró'
b.	[sun]	[yah]	[u]	—>	suñahu
	desear	3ª pl	tpo		'ellos desearon'

En 14*a* se trata de una /ñ/ resultado de la metátesis y la palatalización, en *b*, la palatalización resulta de la simple yuxtaposición del sufijo -yah-. Estos son los dos únicos casos de los que resulta /ñ/ y en ambos por la CUNS se ubica en el inicio. Esta observación motiva la condición de 15.

(15)

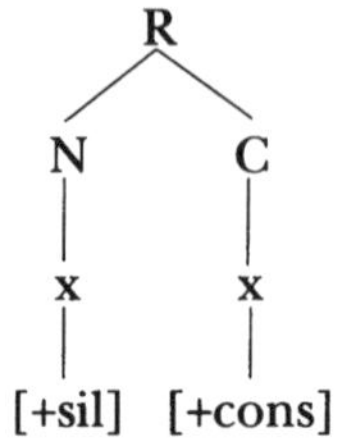

Para el caso de /w/ la imposibilidad de una sílaba Vw se debe a la inexistencia en la lengua de secuencias *VwCV.

Frente a la libertad que tienen las rimas VC, tenemos las del tipo VCC, que presentan restricciones particulares.

(16)

nehp.kuy
'patada'
ki'p.su
'pensó'
siht.seh
'parecido al moco'
no't.ke'.tu
'bebió de nuevo'
kihk.pu
'peleó'
mu'k.tam
'zacates'
sihs.tam
'carnes'
wa.ye.ho's.tɨhk
'molino'
pah¢.tam
'zorrillos'
su'¢.tam
'liendres'
ku'm.pu.nu
'oropéndola'
pu'n.te.na
'abultado'
tɨ'ŋ.kuy
'campana'

De ellos inferimos que cuando hay dos elementos en la coda, el primero de ellos ha de ser /h/ o /'/. También existe una segunda restricción que se refiere a la imposibilidad de tener *hN, *h', *'h, como ya lo señalamos anteriormente. En la tabla que sigue, se muestra la segunda restricción, donde las secuencias imposibles se marcan con un *.

(17)

	p	t	k	s	¢	m	n	ŋ	h	'
h						*	*	*	*	*
'									*	*

La primera regularidad motiva la condición de 18, que nos dice que, de las dos posiciones de la coda, la primera corresponde a /'/ y /h/; la secuencia hN se excluye con la condición negativa de 19.

(18)

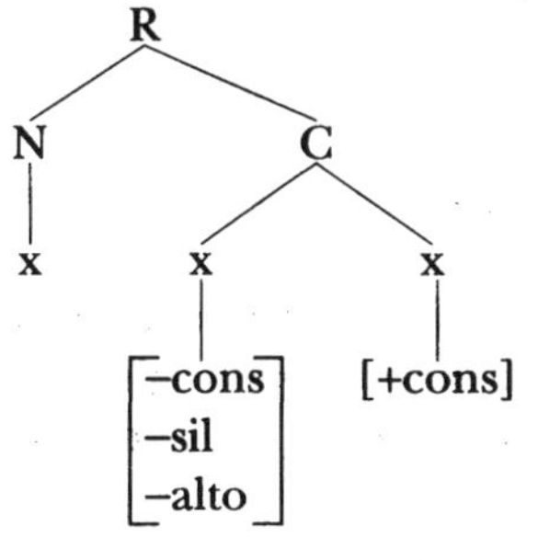

(19)

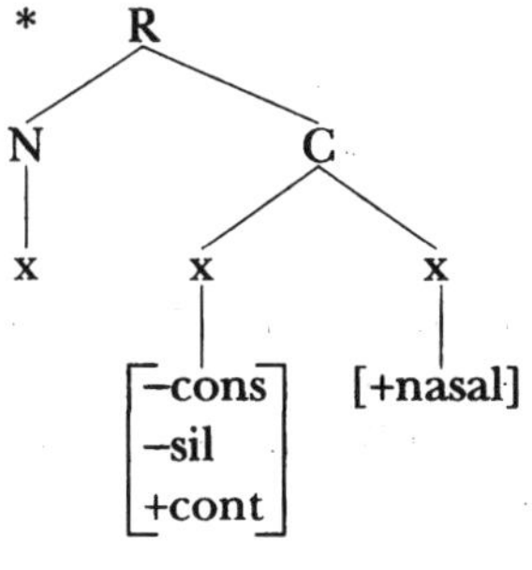

Los casos de *hh, *'', *h', *'h quedan eliminados gracias al PCO, responsable de regular las secuencias de dos elementos con base en la ausencia *versus* presencia del nodo SL.

Con esto damos cuenta de las restricciones que tiene la sílaba del zoque de acuerdo a la plantilla de 5. Debemos ahora explicar las secuencias VG y VCCC que acordamos no incluir en la plantilla. Consideremos los siguientes ejemplos.

(20)

yohs.kuy
'trabajo'
¢o.koy
'corazón'
ka'.kuy
'enfermedad'

La característica del grupo **Vy** es que se localiza, sin excepción, a final de palabra; cuando se ubica en el interior de ella, la yod muestra su resistencia para ocupar la posición postnuclear mediante dos mecanismos: en el caso en el que esté ante vocal, forma parte de la rima siguiente, como en 21*a*; cuando está ante consonante (21*b*), metatiza y forma también el elemento prenuclear de la sílaba siguiente:

(21)

a.	[hɨy]	[u]			—> hɨ.yu	*hɨy.u
	llorar	tpo			'lloró'	
	[way]	[u]			—> wa.yu	*way.u
	moler	tpo			'molió'	
	[poy]	[is]	[u]		—> po.yi.su	*poy.i.su
	huir	rev	tpo		'trató de huir'	
b.	[poy]	[pa]			—> po.pya	*poy.pa
	huir	tpo			'huye'	
	[way]	[pa]			—> wa.pya	*way.pa
	moler	tpo			'muele'	
	[ka']	[kuy]	[pa't]	[u]	—> ka'.ku.pya'.tu	*ka'.kuy.pa'.tu
	morir	nom	encontrar	tpo	'se enfermó'	

Ahora bien, por un lado, se debe considerar que la secuencia **Vy** pertenece a la lengua, pero por el otro, debemos restringirla a final de palabra. Dada esta situación, una vía posible sería establecer una condición positiva como la de 22.

(22)

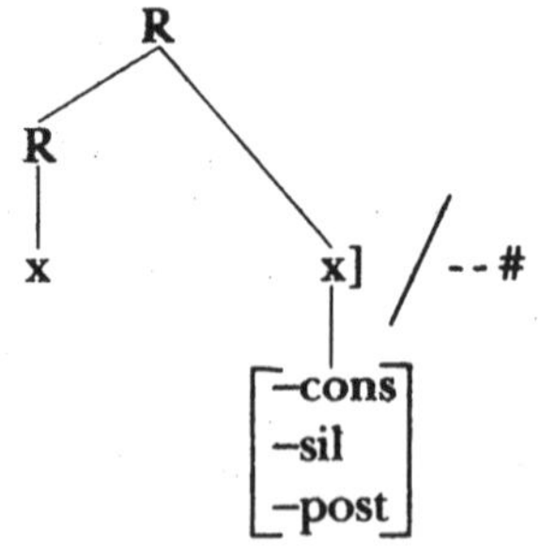

Sin embargo, desde el punto de vista teórico es una solución inadecuada. El problema reside en que para generar las rimas del zoque la condición de 22 utiliza información más allá de la unidad a la que se refiere, es decir, se alude a la palabra, y con ello resulta una violación abierta al principio de localidad (Itô, 1986: 7-8). Este principio asegura que la buena formación de una sílaba no dependa de ninguna información ajena a la misma sílaba; por ello, debemos abandonar esa solución y buscar una posibilidad más satisfactoria. Un candidato plausible es la extrasilabicidad, este mecanismo permite que ciertos segmentos no cuenten para la silabificación. Ésta se efectúa sin tomarlos en cuenta y una vez realizada, se incorporan a la estructura silábica gracias a la regla de adjunción del elemento perdido (*Stray Adjunction*). Los elementos extrasilábicos se suelen marcar de maneras diferentes. Por ser más claro, adoptaremos la notación de Goldsmith (1990), quien utiliza el símbolo Ω. Así, la yod en palabras como **kuhy**, *árbol*, recibirá una silabificación como se muestra en la representación de 23.

(23)

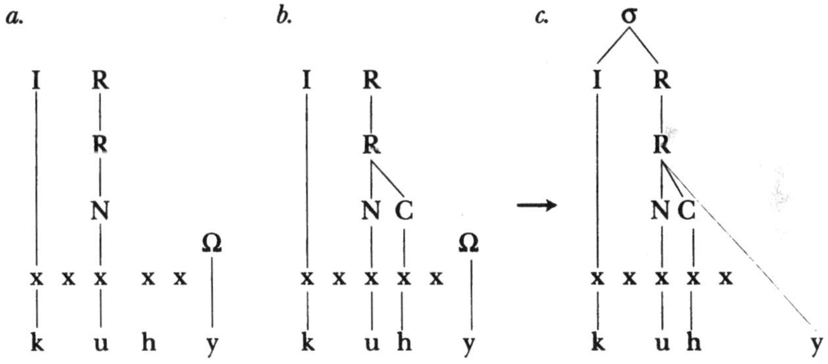

En 23*a*, se mapea el núcleo y el inicio según la CUNS, en *b* se une la consonante de la coda según la condición de 15 que permite a /h/ ocupar la primera posición; la yod, a pesar de haber una posición libre, no se adjunta a la coda; de hacerlo violaría la condición de la segunda posición; se une directamente a la rima, como se sucede en 23*c*.

Los casos en los que la yod se encuentra delante de una vocal, como en el caso de **me.ya**, *lago*, este segmento recibe una estructura silábica como sigue:

(24)

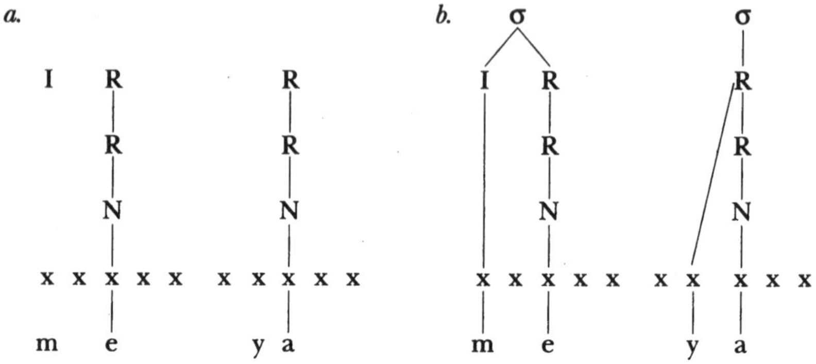

En 24*a*, se ha efectuado el mapeo de los núcleos en las vocales respectivas; en 24*b* la silabificación de la yod se hace sin tropiezos ya que hay una posición disponible que la acepta en la rima derecha.

A diferencia de lo que sucede en 24, en la representación de 23 la yod extrasilábica se adjunta irremediablemente a la rima disponible, pero cuando se encuentra en posición prenuclear, es decir, cuando hay una rima del lado derecho como en 24, la yod se ubica en la posición que le corresponde. Esta observación se verificará plenamente cuando se analice el proceso de metátesis. Estos dos ejemplos nos dicen que el segmento extrasilábico no siempre se adjunta a la misma posición: en **kuhy**, al no haber ninguna posición disponible a la derecha se adjunta a la rima de la izquierda, mientras que en 24 aprovecha la existencia de la posición prenuclear y forma una sílaba con la vocal.

En la representación de 23, la /y/ muestra la característica universal de los elementos extramétricos: se ubica en el límite de la rima. Este requisito, que viene a ser una manera efectiva de regular el uso de la noción de extrasilabicidad, traduce la condición de periferia, según la cual, los elementos así considerados deben situarse fuera del constituyente que los contiene (Harris, 1983: 105-106 y Goldsmith, 1990: 214). Discutamos ahora el caso de la tercera consonante en la coda que nos queda por resolver; sólo diremos por ahora que esa posición está restringida sin excepción a /s/.

(25)

ki'ps.pa
'piensa'
mihks.kuy
'movimiento brusco'

po'ks.tɨhk
'silla'
ko.nu'ks.kuy
'el rezo'

La sistematicidad con que se presenta /s/ se puede explicar también mediante la extrasilabicidad. La justificación de este recurso se verá más ampliamente cuando analicemos las secuencias de la coda a la luz de la GSS. Por el momento queremos destacar que lo observado anteriormente para la yod se verifica nuevamente con /s/. He aquí lo que sucede en palabras como **ki'ps.pa**, *piensa* e **ih.su**, *miró detenidamente.*

(26)

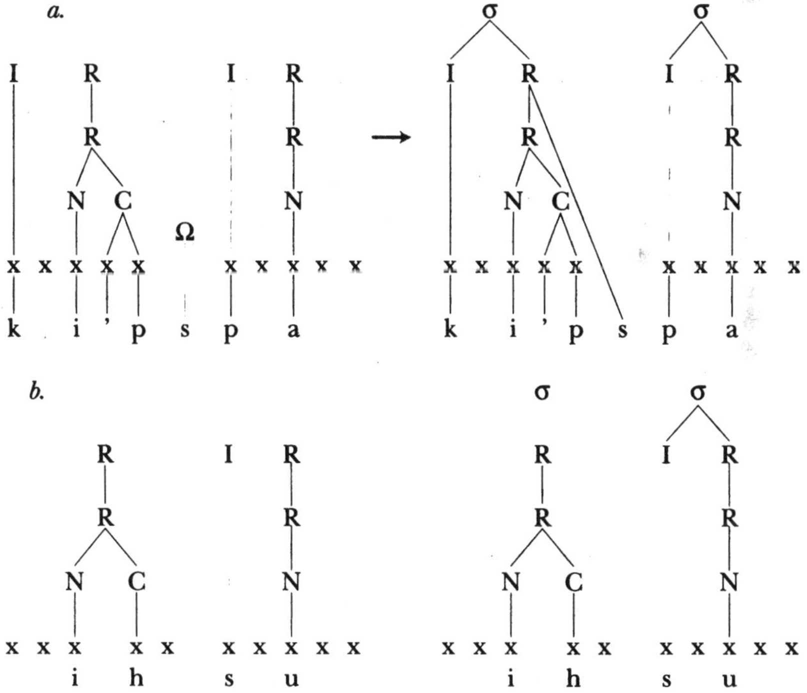

En efecto, el segmento extrasilábico en 26*a*, al igual que la yod en 23*a* no tiene a la derecha ninguna posición que lo acepte, por ello se adjunta a la rima de la izquierda, en 26*b*, la /s/ aprovecha las posiciones de la sílaba siguiente y forma sílaba con la vocal. Tanto 23 como 26 nos llevan a pensar en la necesidad de una condición de la lengua que rija la adjunción de los segmentos extrasilábicos.

(27)

El segmento extrasilábico se adjunta a la izquierda sii ninguna posición está disponible a la derecha.

Esta condición no hace sino reflejar lo que ya sabemos de la lengua: la tendencia que tiene por maximizar los inicios. Además, los resultados obtenidos con 27, en el caso de plenas consonantes, se acomodan a la CUNS sin violarla.

Silabificación

Las condiciones de buena formación establecidas hasta ahora, tienen dos funciones básicas: generar las secuencias posibles, e impedir ciertos agrupamientos; esto último se logra con las condiciones negativas que actúan como filtros para impedir ciertas secuencias, generadas por las primeras, pero ajenas a la lengua. En ambos casos, además de restringir la coocurrencia de los elementos, tienen la función de servir de guía para el mecanismo de mapeo entre las posiciones y los segmentos. Ya nos hemos referido a la CUNS como uno de los principios que rigen la silabificación. Su función es la de impedir que una consonante prevocálica ocupe la posición de coda. Veamos los datos siguientes para apreciar el alcance que tiene en el zoque.

(28)

a.	hi'. **¢**u 'arrugó'	*b.*	*hi'¢.u
	¢ih. **k** i 'despellejado'		*¢ihk.i
	a. **n** e 'tortilla'		*an.e
	uh. **s** u 'mosquito'		*uhs.u
	¢ah. **p** o.mo 'en el cielo'		*¢ahp.o.mo

Aunque todos los segmentos que aparecen en negritas pueden ocupar la segunda posición de la coda —en cuyo caso tendríamos una sílaba compuesta por una vocal, que también es posible—, el zoque no permite la división de 28*b*. La división que se muestra en 28*a* obedece la CUNS y la consonante prevocálica pasa a formar parte del inicio creando una sílaba CV. En este sentido la silabificación del zoque no requiere mecanismos costosos, se deriva de aspectos universales de la teoría fonológica.

Ahora bien, de acuerdo a la hipótesis desarrollada en Kiparsky (1979) y Selkirk (1984), la sílaba de las lenguas se ajusta a la Generalización de Secuencias Sonoras. La GSS establece que: "En toda sílaba, hay un segmento que constituye el pico de sonoridad; está precedido o seguido por una secuencia de segmentos con valores que decrecen progresivamente en su sonoridad" (Selkirk, 1984: 116).

En 29, con base en la distinción entre vocales, glides, nasales, fricativas, africadas y oclusivas, de los segmentos del zoque, se ha establecido una escala con índices numéricos: van del número ocho para los segmentos más sonoros, al número uno para las oclusivas, es decir, los segmentos menos sonoros de la escala.

(29)

a, e, o, i, ɨ, u	8
y	7
w	6
' h	5
m, n, ñ, ŋ	4
s,š	3
¢, č	2
p, t, k	1

La relación entre los grupos de dos consonantes, al final de la sílaba, respeta la condición de sonoridad de 30.

(30)

Si un elemento A precede a Z en la coda, la sonoridad de A > Z .[3]

(31)

s i h s 8 5 3	'carne'
nɨ'hi ' ŋ 8 5 4	'con agua'
t ɨ h k 8 5 1	'casa'

[3] Esta formulación está inspirada en la condición de sonoridad de Mascaró (1989: 33), para la rima del catalán.

ne h p.kuy 'patada'
8 5 1

Mediante los índices numéricos, 31 muestra el movimiento de disminución de los segmentos a partir del núcleo. Hemos de recordar que las codas con dos elementos siempre tienen a /h/ y a /'/ en la primera posición, lo que asegura que la GSS se cumpla plenamente.

El único caso que no satisface la generalización es cuando las codas agrupan a tres elementos:

(32)

po ' k s pa 'se sienta'
8 5 1 3

i ' p s tɨhk 'el inframundo'
8 5 1 3

Los índices en 32 presentan una disminución de sonoridad, seguida de un brusco ascenso. La violación de /s/ a la GSS no es un caso aislado del zoque; Mascaró (1989: 33) reporta la misma situación para el catalán, donde hay grupos finales [**nks**] (**esfinks**, *esfinge*) y [**rns**] (**infierns**, *infierno*).[4] Lo significativo es que el segmento siempre es /s/ y que su violación a la GSS se verifica en lenguas diferentes al zoque. Frente a esta anomalía, tenemos dos vías de razonamiento: podemos cuestionar el lugar que ocupa /s/ en la escala de sonoridad y proponer, en consecuencia, que para las lenguas como el zoque, ocupe un lugar inferior al de las oclusivas. Ésta sería una solución apresurada que sólo desplazaría el problema a las lenguas que se apegan a la GSS. En este sentido el recurso a la extrasilabicidad se justifica ampliamente y aporta mayores ventajas en tanto recurso natural de las estructuras métricas.

Estructura silábica y procesos fonológicos

Metátesis

En repetidas ocasiones hemos mencionado la metátesis de yod; hemos dicho que es un proceso generalizado en la lengua que impide la existencia

[4] También se pueden mencionar los casos de *toraks* en español, o bien las violaciones en el inicio de lenguas como el inglés donde encontramos secuencias [**sp**] (speak, *hablar*), [**sk**] (skin, *piel*), etcétera.

de secuencias ***yC**, en cualquier punto de la palabra. Está presente en los distintos procesos morfológicos del módulo léxico; veamos una muestra de los procesos de afijación en los diferentes estratos.

(1)

Estrato 1	[way]	[kuy]		—> wakyuy
	moler	nom		'la molienda'
	[poy]	[kuy]		—> pokyuy
	huir	nom		'la huida'
Estrato 2	[wakyuy]	[¢a']		—> wakyu¢ya'
	la molienda	piedra		'metate'
	[wi'kuy]	[kɨ¢]	[tɨhk]	—> wi'kukyɨ¢tɨhk
	comida	tomar	nom	'cuchara'
	[kuhy]	[tuwi]		—> kuhtyuwi
	árbol	perro		'mico de noche'
	[ka'kuy]	[pa't]		—> ka'kupya't
	enfermedad	encontrar		'enfermarse'
Estrato 3	[hay]	[ke't]	[pa]	—> hakye'tpa
	escribir	asp	tpo	'escribe de nuevo'
	[hay]	[hoy]	[u]	—> hahyo'yu
	escribir	asp	tpo	'siguió escribiendo'
	[poy]	[pa]		—> popya
	huir	tpo		'huye'[5]

Ahora bien, el hecho de reconocer que el proceso se relaciona con la estructura silábica aporta a nuestro análisis una ventaja importante; de no ser así, estaríamos obligados a decir que una regla como la de 34 se aplica en todos los estratos:

(2)

yC —> Cy

Quizá podríamos aceptar que la regla anterior se aplica en el nivel de representación léxica, es decir, cuando las palabras ya han sido formadas. Con esta opción podríamos salvar la relación regla-estrato que plantea, pero nos quedarían por discutir las características mismas de la regla. En efecto, no es una regla autosuficiente en la medida en que carece del con-

[5] El proceso no se puede atestiguar en el estrato 4, ya que las operaciones morfológicas ahí realizadas tienen que ver co los sufijos **-ina**, **-Vm**, **yo's**, **-ha**, **-un**. Y éstos se adjuntan, obligatoriamente, después de **-U** o de **-pa**.

texto desencadenador. Su parecido con la de elisión consonántica que vimos en el apartado sobre simplificación de consonantes, sugiere la necesidad de buscar una explicación que trascienda la visión particular de la lengua. Nuestra propuesta consiste en tratarlo como el resultado natural de la tendencia que hemos visto en el zoque hacia el aprovechamiento de las posiciones libres de la plantilla silábica. Veamos una muestra de ello con **pyoki**, *su rodilla.*

(3)

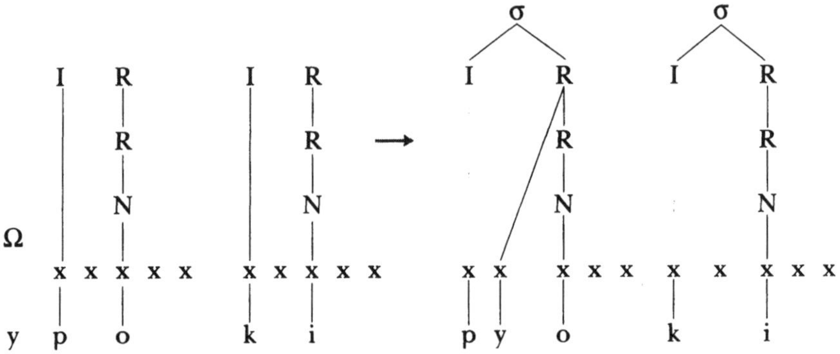

La yod metatiza debido a un principio de economía en la representación: al haber una posición que la acepta, sin violar las condiciones negativas y positivas de la sílaba, se mueve al lugar que está libre. Dos argumentos apoyan el análisis anterior; por un lado, contamos con la evidencia negativa en la medida en que, en la lengua, no existen secuencias del tipo ***yCy**, ni las del tipo ***yCw**, es decir, secuencias que al contener un glide, ocupen la posición prenuclear de la plantilla e impidan el proceso; por otro lado, la evidencia positiva proviene del comportamiento de la yod en los préstamos del español de palabras como *cuerpo, cuarto.* Veamos los siguientes datos:

(4)

	[y]	[kwarto]	—>	kwarto
	3ª sing,pos			'su cuarto'
	[y]	[kwerpo]	—>	kwerpo
	3ª sing,pos			'su cuerpo'
frente a				
	[y]	[burro]	—>	byuro
	3ª sing,pos			'su burro'
	[y]	[faja]	—>	fyaça
	3ª sing,pos			'su faja'

En efecto, dado que la posición prenuclear está ocupada, la yod no encuentra ninguna posición libre que la reciba e irremediablemente se elide, como lo predice nuestro análisis.[6]

Inserción

El otro proceso involucrado con la estructura silábica es la inserción de /'/ entre dos vocales. Examinemos los datos del problema.

(5)

a.	[ya¢i]	[ah]	[u]	—>	ya.¢i.'a.hu
	malo	vbz	tpo		'se volvió malo'
	[¢aŋka]	[ah]	[u]	—>	¢aŋ.ka.'a.hu
	gordo	bvz	tpo		'engordó'
	[pu'čɨ]	[ah]	[u]	—>	pu'. čɨ. 'a.hu
	amarillo	bvz	tpo		'se amarilló'
	[na'¢e]	[ɨy]	[u]	—>	na'.¢e.'ɨ.yu
	miedo	bvz	tpo		'tuvo miedo'
	[hoko]	[ɨy]	[u]	—>	ho.ko.'ɨ.yu
	humo	bvz	tpo		'humeó'
	[tɨhk]	[V]	[ahy]	—>	tɨh.kɨ.'ahy
	casa	vocEn	hoja		'techo de la casa'
	[mohk]	[V]	[a'nuku]	—>	moh.ko.'a'.nu.ku
	maíz	vocEn	raíz		'raíz del maíz'
	[tome]	[Vm]		—>	to.me.'em
	cerca	asp			'ya está cerca'
	[¢a'ma]	[omo]		—>	¢a'.ma. 'o.mo
	monte	loc			'en el monte'
b.	[takay]	[ah]	[u]	—>	ta.ka.ya.hu
	amargo	bvz	tpo		'se amargó'
	[yɨhk]	[ah]	[u]	—>	yɨh.ka.hu
	negro	bvz	tpo		'ennegreció'
	[masantɨhk]	[ɨy]	[u]	—>	ma.san.tɨh.kɨ.yu
	iglesia	bvz	tpo		'tuvo iglesia'
	[nahs]	[ɨy]	[u]	—>	nah.sɨ.yu
	tierra	bvz	tpo		'se ensució'

[6] La situación descrita en los datos de 4 es general para el zoque. Wonderly (1951b: 118) propone, para la variante de Copainalá, una regla de elisión de la yod en los casos como estos, en donde, de manera anómala la yod no metatiza.

[tɨhk]	[V]	[we'ke]	—>	tɨh.kɨ.we'.ke
casa	vocEn	ceto		'ceto de la casa'
[mohk]	[V]	[hɨyɨ]	—>	moh.ko.hɨ.yɨ
maíz	vocEn	flor		'espiga de maíz'
[yɨhk]	[Vm]		—>	yɨh.kɨm
negro	asp			'ya está negro'
[¢ehk]	[omo]		—>	¢eh.ko.mo
estómago	loc			'en el estómago'

En 5*a* hemos presentado diversos procesos morfológicos; en ellos, cuando dos vocales están en contacto, la secuencia V] [V —> V'V; mientras que en 5*b* el cambio no se produce, aunque los procesos morfológicos sean los mismos.

Ahora bien, la interpretación de este proceso no ha sido sencilla: ¿cómo saber que se trata de una inserción y no de una elisión de /'/? Veamos los datos que siguen:

(6)

a.	[ko]	[une]		—>	ko.'u.ne
	ajen	hijo			'hijastro'
	[ko]	[a¢i]		—>	ko. 'a.¢i
	ajen	hermano			'hermanastro'
	[ko]	[ɨk]	[u]	—>	ko. 'ɨ.ku
	ajen	dormir	tpo		'durmió en casa ajena'
	[ko]	[haya]		—>	ko.ha.ya
	ajen	esposo			'amante'
	[ko]	[¢i¢i]		—>	ko.¢i.¢i
	ajen	hermana			'hermanastra'
	[ko]	[mama]		—>	ko.ma.ma
	ajen	mamá			'madrastra'
b.	[ko']	[wina]		—>	ko'.wi.na
	mod	inicio			'jefe'
	[ko']	[toya]		—>	ko'.to.ya
	mod	dolor			'dolor de cabeza'
	[ko']	[¢unu]		—>	ko'.¢u.nu
	mod	bolsa			'gorra'
	[ko']	[naka]		—>	ko'.na.ka
	mod	piel			'cuero cabelludo'

Estos ejemplos hablan en favor de la inserción de /'/. En efecto, si así se interpretan, los datos de 6 (*a*, *b*), reciben una explicación adecuada, junto con los de 5; por el contrario, si suponemos que se trata de una elisión no podemos explicar por qué en 6*b*, el saltillo del prefijo **ko'**- no se elide. Hecha esta aclaración, diremos que la inserción es un proceso del módulo léxico, y por ende no se observa entre palabras

(7)

Juanis	kyɨ'su	tumɨ	ane
'Juan	comió	una	tortilla'
ɨh	tome	ihtpa	
'yo	cerca	vivo'	

Ya anteriormente anticipamos que, junto con la simplificación de consonantes, está desencadenado por la presencia del PCO. Cabe señalar que aunque elisión e inserción son dos procesos opuestos, ambos tienen el mismo resultado: impedir que se produzca una secuencia de segmentos iguales. En el análisis de la inserción, nuestra aportación consiste en mostrar que el PCO no sólo rige las representaciones en el nivel melódico, sino que, en tanto principio universal, promueve cambios en las gradas superiores de las representaciones fonológicas.

Un análisis que no considere la presencia del PCO podría formular la regla de inserción como sigue:

(8)

$$\emptyset \longrightarrow {}' \Big/ \begin{array}{ccc} N & & N \\ | & & | \\ x & \_ & x \end{array}$$

Aunque es descriptivamente adecuada, no refleja el hecho esencial del proceso, a saber: la identidad de los elementos en el contexto que lo desencadena. Al no capturar este hecho, la regla resulta igualmente válida que aquélla con un contexto /Y__Z , es decir, que contenga cualquier elemento. La interpretación del proceso como resultado del PCO tiene la ventaja de la adecuación explicativa: la coincidencia en el contexto de 4 es lo que promueve la aparición del proceso. La representación de 9 intenta mostrar las condiciones que violan al PCO.

(9)

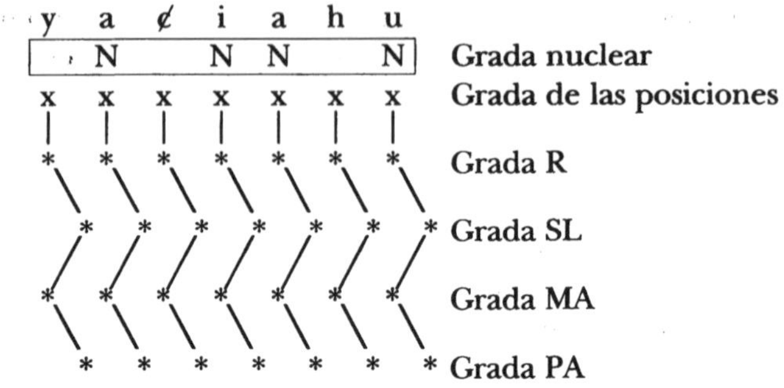

Como se ve en la grada enmarcada, la violación al PCO no se produce a nivel melódico, pues las vocales contiguas pueden o no ser iguales. Por ello, el proceso encuentra una explicación plena si ampliamos la validez del PCO e incluimos los diferentes niveles de las representaciones fonológicas. Así, la regla que produce el cambio tendrá la siguiente información.

(10)

Inserción de /'/
Dominio: último estrato léxico
Grada: nuclear
Desencadenador:
Cambio: insértese /'/

La ausencia de especificación en el desencadenador indica que el proceso se realiza sólo si está desencadenado por el PCO (cf. Yip, 1988: 76). Enseguida se muestran los pasos que sigue la aplicación de la regla (sólo damos la grada pertinente).

(11)

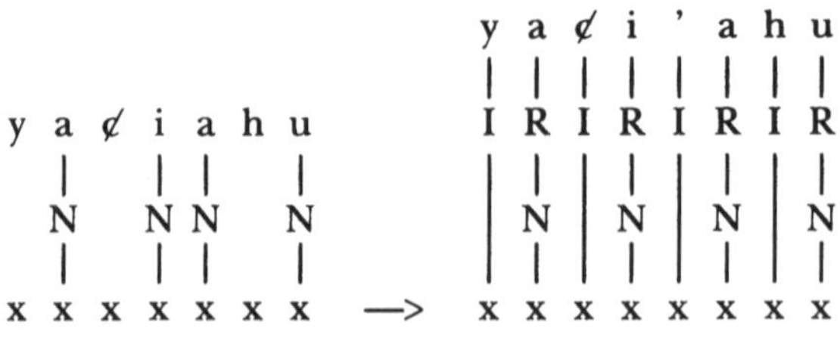

La regla tiene el efecto de insertar una posición en la grada x, la interpretación menos marcada de una posición vacía es ['], como ya lo vimos en el análisis de la nasalización.

En síntesis, se puede decir que tanto el proceso de metátesis, como el de inserción, son dos de las valiosas evidencias a la teoría fonológica que aporta el zoque. Por un lado, reiteran la necesidad de considerar a la sílaba como unidad lingüística capaz de dar respuesta a ciertos procesos fonológicos; por otro lado, ambos procesos hablan en favor de la existencia de principios universales y de las restricciones que imponen, ya sea en la silabificación de los segmentos en torno al núcleo, como es el caso de la CUNS, o en las secuencias morfemáticas y en las de los diferentes niveles de la representación fonológica, como es el caso del PCO.

VI. NIVELES DE REPRESENTACIÓN

En las páginas iniciales de este trabajo señalamos que la relación léxico-fonología da como resultado tres niveles de representación fonológica: el subyacente, el léxico y el fonético.

Es bien sabido que el generativismo, más que ninguna otra teoría, ha concedido un peso importante a la realidad psicológica de las representaciones fonológicas; con el fin de lograr un análisis descriptivamente adecuado de las lenguas, ha puesto el énfasis en la necesidad de incorporar la evidencia externa.[1] Dentro del marco de la fonología estándar, en la que sólo hay dos niveles de representación, pocos han sido los autores que se plantean el recurso de la evidencia externa en la validación del nivel de representación subyacente. Donald Churma (1985) es uno de ellos; en su obra intenta esclarecer el nivel de representación que sirve de entrada a las reglas de algunos juegos lingüísticos.[2] Ante las dificultades que encuentra para determinar que dichas reglas actúan sobre el contenido del nivel subyacente, reconoce que: "There is even the possibility that some stage of the phonological derivation intermediate to the underlying representation and the phonetic representation could be the input to the rules of the game" (p. 90).

La posibilidad abierta por Churma (1985), en el modelo de la fonología léxica se realiza natural y plenamente: ese nivel intermedio en la derivación es el nivel de representación léxica. En la teoría fonológica, su existencia se apoya en la realidad que tiene para el hablante: con ese nivel se pueden relacionar los juicios del hablante respecto a la semejanza o desemejanza de un segmento; en ese nivel tiene lugar la asignación de pausas y es el nivel en el que operan las reglas de los juegos lingüísticos. En el análisis del zoque, se utilizarán solamente las dos primeras evidencias, debido a que, desgraciadamente, no hemos encontrado ningún juego lingüístico.

[1] Al respecto, mencionemos la obra de Fromkin (1973) que contiene textos sobre el contenido de las representaciones, con base en los errores del habla.

[2] En particular, Churma (1985: 85 y ss) retoma datos de Sherzer (1970) y Hombert (1973), de las lenguas cuna y bakwiri, respectivamente, en las cuales el juego lingüístico consiste en tomar la última sílaba y trasponerla al principio de la palabra.

INTUICIONES DEL HABLANTE

En el reconocimiento de los segmentos se retomará el proceso de armonía vocálica —que como recordamos, tiene lugar en el léxico— y el de sonorización de los segmentos [−continuo] después de nasal —que sucede en el módulo posléxico.

(1)

a. [huhk] [i]
fumar nom
'cigarro'
[eh¢] [e]
bailar nom
'baile'

b. te' tantan [kehp] [pa] —> [te'tandaŋgehkpa]
la mariposa caer tpo 'la mariposa cae'

te' [pɨn] [tam] [ten] [yah] [u] —> [te'pɨndandeñahu]
el hombre pl levantar 3ª pl tpo 'los hombres se levantaron'

te' [pɨn] [tam] [po'ks] [yah] [u] –> [te' pɨndambo'kšahu]
el hombre pl sentarse 3ª pl tpo 'los hombres se sentaron'

Al preguntar a los hablantes por la semejanza o desemejanza de la primera [e] de [**eh¢e**] y la [i] de [**huhki**], la respuesta que se obtuvo es que se trata de dos segmentos diferentes. Este juicio indica que la distinción i/e, en el proceso de armonía, está presente en el hablante. Por el contrario, al preguntarle si la [p] de [**pɨndam**], *hombres*, es igual al primer segmento oclusivo de [**bo'ksahu**], *se sentaron*, la respuesta que se obtuvo es que se trata del mismo segmento. Este juicio indica que el hablante no considera la distinción entre [p] y [b] al emitir esa afirmación; es muy probable que ni siquiera se dé cuenta de que hay una diferencia. Lo anterior señala que el proceso de sonorización, es decir, la existencia del conjunto de elementos sonoros: {b, d, g, ž, ǰ}, no forma parte del conjunto de segmentos del nivel de representación léxica. Éste incluye, como se puede desprender de nuestro análisis, al grupo de segmentos: {p, t, k, s, š, ¢, č, m, n, ñ, ŋ, h, '} y a las seis vocales {a, e, o, i, ɨ, u}. En este sentido, los juicios del hablante coinciden con el grupo de segmentos, precisamente de ese nivel intermedio.

ASIGNACIÓN DE PAUSAS

Retomando las observaciones de Rotenberg (1978), Mohanan (1982: 78) afirma que hay ciertas reglas fonológicas de las lenguas que no actúan cuando interviene una pausa; en el marco de la fonología léxica, éstas son típicamente las reglas del módulo posléxico. Reutilizaremos nuevamente los dos procesos anteriores para constatar que efectivamente, si [**tandan**], *mariposa* o [**te'tandangehkpa**], *la mariposa cae*, se emiten con sus respectivas pausas se obtiene:

(2)

tan. . .tan
te'. . .tan. . .tan. . .keh. . .pa
* tan. . .dan
* te'. . .tan. . .daŋ. . .geh. . .pa

Por el contrario, el proceso de armonía vocálica no se impide por la presencia de una pausa:

(3)

[huhki] [omo]
cigarro loc
'en el cigarro'
huh. . .ki. . .o. . .mo
*huh. . .ke. . .o. . .mo

Así pues, el comportamiento de las reglas fonológicas, en presencia de las pausas proporciona evidencia significativa que apunta hacia la necesidad de un nivel de representación intermedio entre el subyacente y el fonético. En una teoría fonológica en la que sólo existen dos niveles, los juicios de los hablantes y la asignación de pausas, resultan ser evidencias que quedan fuera del análisis lingüístico, en la medida en que no es posible relacionarlos sistemáticamente con ningún nivel significativo de representación. En resumen, diremos que la fonología léxica restituye a la teoría fonológica aquel nivel que por diferentes razones fue excluido en el drástico paso del descriptivismo al generativismo.

VII. CONCLUSIONES

Mediante el análisis del zoque hemos explorado la hipótesis lexicalista, en la versión que propone la fonología léxica. El recorrido por la morfología de la lengua ha permitido constatar que la conformación de su léxico muestra la característica universal según la cual los procesos derivativos anteceden a los flexionales. La evidencia morfológica y fonológica ha dado como resultado cuatro estratos distintos, en los cuales tienen lugar las operaciones de afijación y se producen los cambios fonológicos.

La existencia de procesos fonológicos como la armonía vocálica y la copia vocálica del sufijo aspectual **-Vm**, revelan la necesidad de incluir en el léxico a la derivación y a la flexión, en concordancia con la hipótesis de integridad léxica que se encuentra en la fonología léxica.

Por otra parte, el tratamiento de los procesos fonológicos del zoque ha resultado de vivo interés, en el marco de la fonología no lineal. Anclado en el problema de las representaciones fonológicas ha mostrado que los procesos, lejos de ser particulares a la lengua, encuentran una respuesta en términos de los parámetros de la Gramática Universal (direccionalidad, binaridad en la estructura silábica, escala de sonoridad en torno al núcleo silábico), y de unos cuantos principios que rigen a las representaciones fonológicas (licenciamiento prosódico, localidad, PCO).

El análisis de la sílaba ha corroborado la teoría de la silabificación, en la cual la estructura silábica se efectúa en términos de plantillas y de condiciones de buena formación. La sílaba, concebida como una estructura en constituyentes, permite un tratamiento natural de los procesos fonológicos que, en el zoque, tienen que ver con esta unidad fonológica.

La lengua zoque ha permitido, asimismo, cuestionar algunos puntos teóricos esenciales. Tal es el caso de la relación fonológica estrato-regla y la direccionalidad en la construcción de los pies, en el patrón acentual. En efecto, los procesos de simplificación consonántica, inserción de saltillo y metátesis de yod, han permitido constatar, para sorpresa de la fonología léxica, que hay procesos que suceden de manera generalizada en el léxico; hemos demostrado que este tipo de fenómenos se pueden integrar al modelo teórico.

Todos estos aspectos teóricos que ofrece el zoque, abren una brecha promisoria de investigación; con el apoyo de mayor evidencia empírica, las soluciones que hemos dado se podrían integrar a la teoría fonológica para su enriquecimiento.

ABREVIATURAS

A = Adjetivo
agtvo = Agentivo
ajen = Ajenidad
ant = Anterior
asoc = Asociativo
asp = Aspecto
caus = Causativo
CBC = Condición de Borramiento de Corchetes
cons = Consonántico
cont = Continuo
CUNS = Condición Universal de Núcleo Silábico
contv = Continuativo
cor = Coronal
cot = Cotativo
FGN = Fonología Generativa Natural
fut = Futuro
GloCo = Glotis constreñida
GloEx = Glotis extendida
GSS = Generalización de Secuencias Sonoras
imp = Imperativo
imptv = Imperfectivo
inctv = Incoativo
int = Intensificador
inte = Interrogativo
it = Iterativo
L = Grada laríngea
lim = Limitativo
loc = Locativo
MA = Grada modo de articulación
mod = Modificador
N = Nombre
nas = Nasal

neg = Negativo
nom = Nominalizador
PA = Grada punto de articulación
pas = Pasado
PCO = Principio del Contorno Obligatorio
perf = Perfectivo
pers = Persona
pl = Plural
pos = Posesivo
post = Posterior
pot = Potencial
pre = Presente
R = Grada raíz
red = Redondeado
rep = Repetitivo
rev = Reversivo
SL = Grada supralaríngea
sil = Silábico
snte = Sonante
sim = Similativo
sing = Singular
son = Sonoro
SPE = *The sound pattern of English*
suj = Sujeto
tpo = Tiempo
V = Verbo
vbz = Verbalizador
vocEn = Vocal de Enlace

BIBLIOGRAFÍA

Anderson, Stephen (1980), "Problems and perspectives in the description of vowel harmony", en Robert M. Vago (ed.).

——— (1985), "Inflexional morphology", en Shopen Timothy (ed.), vol. III: 150-201.

——— (1985), *Phonology in the twenty century: theories of rules and theories of representations*, Chicago, University of Chicago Press (versión española, 1990), *Fonología en el siglo XX*, Madrid, Visor.

Archangeli, Diana y Douglas Pulleyblank (1986), "Maximal and minimal rules", en McDonough, Joyce y Bernardette Plunkett (eds.), I: 17-35.

——— (1994), *Grounded phonology*, MIT Press.

Archangeli, Diana (1988), *Underspecification in Yawelmani phonology*, tesis doctoral, Cambridge, The Massachussets Institute of Technology.

Aronoff, Mark (1976), *Word formation in generative grammar*, Cambridge, Mass., MIT Press.

Aronoff, Mark, William O'Grady y Michael Dobrovolsky (1989), *Contemporary linguistics*, Nueva York, St. Martin's Press.

Aronoff, Mark y Richard T. Oerle (eds.) (1984), *Language sound structure*, MIT Press.

Baker, Mark C. (1988), *Incorporation: a theory of grammatical function changing*, Chicago, University of Chicago Press.

Blevins, James y Juli Carter (1987), *North East Linguistic Society* (NELS), Toronto, University of Toronto.

Bloomfield, Leonard (1933), *Language*, Nueva York, Holt. Rinehart y Winston.

Bosch, Anna, Barbara Need y Eric Schiller (eds.) (1987), *Papers from the 23rd annual regional meeting of the Chicago Linguistic Society*, Chicago.

Bromberger, Sylvain y Morris Halle (1989), "Why phonology is different", *Linguistic Inquiry*, 20: 51-70.

Brown, Cecil H. y Stanley R. Witkowski (1979), "Aspects of the phonological history of mayan-zoquean", *International Journal of American Linguistics*, 45: 34-47.

Bybee, Joan (1985), *Morphology*, Amsterdam, John Benjamin Publishing Company.

Campbell, Lyle (1974), "Phonological features: problems and proposals", *Language*, 50: 52-65.

Campbell, Lyle y Terrence Kaufman (1976), "A linguistic look at the Olmec", *American Antiquity*, 41: 80-89.

——— (1980), "On Mesoamerican linguistics", *American Anthropologist*, 82: 850-857.

——— (1983), "Mesoamerican historical linguistics and distant genetic relationship: getting it straight", en *American Anthropologist*, 85: 362-372.

——— y Thomas C. Smith-Stark (1986), "Meso-America as a linguistic area", *Language*, 62: 530-570.

Catford, J. C. (1977), *Fundamental problems in phonetics*, Eingburg University Press.

Chomsky, Noam (1964), *Current issues in linguistic theory, topics in the theory of generative grammar*, Mouton y Co. Versión española: *Problemas actuales en teoría lingüística; temas teóricos de gramática generativa*, México, Siglo XXI, 1971.

——— y Morris Halle (1968), *The sounds pattern of English*, Nueva York, Harper y Row.

——— (1970), "Remarks on nominalization", en A. Jacobs y P. S. Rosembaun (eds.).

Churma, Donald G. (1985), *Arguments from external evidence in phonology*, Nueva York, Garland Publishing.

Clark, Lawrence y Norman Nordell (1982), "Texistepec vocabulary", (mecanoescrito).

Clements, G. N. (1985), "The geometry of phonological features", en C. J. Ewen y J. M. Anderson (eds.): 225-252.

——— (1987), "Toward a substantive theory of feature specification", en Blevins, James y Juli Carter (eds.), 18: 79-83.

——— y Samuel Keyser (1983), *C V Phonology; A Generative theory of the syllable*, MIT Press.

Cole Jennifer, S. (1987), *Planar phonology and morphology*, tesis doctoral, MIT.

Comrie, Bernard (1976), *Aspect*, Cambridge, Cambridge University Press.

——— (1985), "Causative verb formation and other verb-deriving morphology", en Shopen, Timothy (ed.), vol. III: 309-348.

Contreras, Heles y Conxita Lleó (1982), *Aproximación a la fonología generativa*, Barcelona, Anagrama.

Dell, François y Jean-Roger Vergnaud (1984), "Les développements récents en phonologie: quelques idées centrales", en Dell François, Daniel Hirst y Jean-Roger Vernaud (eds.): 1-42.

———, Daniel Hirst y Jean-Roger Vergnaud (1984), *Forme sonore du language*, París, Hermann.

——— (1985), *Les règles et les sons*, París, Hermann.

Demonte, Violeta y Beatriz Garza Cuarón (eds.) (1990), México, *Estudios de lingüística en España y México*, Instituto de Investigaciones Filológicas, UNAM / Centro de Estudios Lingüísticos y Literarios, El Colegio de México.

Dinnsen, A. Daniel (1979) (ed.), *Current approaches to phonological theory*, Bloomington, Indiana University Press.

Dixon, Roland B. y A. L. Kroeber (1919), *Linguistic families of California*, University of California Publications in American Archaeology and Ethnology, vol. 16, núm. 3. Berkeley, University of California Press.

Elson, Ben (1947), "Sierra Popoluca syllable structure", *International Journal of American Linguistics*, 13: 13-17.

Engel, Ralph y Mary A. de Engel (1987), *Diccionario zoque de Francisco León*, México, Instituto Lingüístico de Verano.

Ewen, Colin J. y John M. Anderson (eds.), *Phonology Yearbook 2*, London, Cambridge University Press.

Freeland, L. S. (1929), "The relationship of mixe to the penutian family", *International Journal of American Linguistics*, 6: 28-33.

Fromkin, Victoria (ed.) (1973), *Speech errors as linguistic evidence*, The Hague, Mouton.

Fujimura, O. (1973) (ed.) *Three dimensions of linguistic theory*, Tokyo, TEC Company.

García de León, Antonio (1969), "El ayapaneco, una variante zoqueana en la Chontalpa tabasqueña", en *Anales del Instituto Nacional de Antropología e Historia*, tomo II: 209-224.

Goldsmith, John (1976), "The aims of autosegmental phonology", en Daniel A. Dinnsen (ed.).

——— (1979), *Autosegmental phonology*, New York, Garland.

——— (1985), "Vowel harmony in Khalkha, Mongolian, Yaka, Finnish and Hungarian", en C. J. Ewen y J. M. Anderson (eds.).

——— (1990), *Autosegmental & metrical phonology*, Basil Blackwell.

Grasserie, Raoul de la (1898), *Langue zoque et langue mixe, grammaire, dictionnaire*, reimpreso por Kraus Reprint, Weisbaden, 1968. [Contiene los textos del padre Luis González de 1652 y los del padre Juan Pozarenco de 1733.]

Greenberg, Joseph (1963), *Universals of language*, Cambrige, Mass., MIT Press.

——— (1987), *Language in the Americas*, Stanford, Stanford University Press.

Hála, Bohuslav (1956), *La sílaba: su naturaleza, su origen y sus transformaciones*, versión española de Edgardo R. Palavecino y Antonio Quilis, (1966), Madrid, Consejo Superior de Investigaciones Científicas, Instituto Miguel de Cervantes.

Halle, Morris, y K. P. Mohanan (1985), "The segmental phonology of modern English", *Linguistic Inquiry*, 16: 57-116.

Halle, Morris, y G. N. Clements (1983), *Problem book in phonology*, Cambridge, Mass., MIT Press.

Halle, Morris, y Jean-Roger Vergnaud (1987), *An essay on stress*, Cambridge Massachussets, MIT Press.

Halle, Morris, (1972), "Theoretical issues in phonology in the 1970's", *Proceedings of the International Congress of Phonetics Sciences*, 7.

Halle, Morris, (1973), "Prolegomena to a theory of word formation", *Linguistic Inquiry*, 4: 3-16.

Hammond, Michael y Michael Noonan (eds.), *Theoretical morphology: Approaches in modern linguistics*, Nueva York, Academic Press.

Harris, James (1964), *Spanish phonology*, Cambridge, Mass., MIT Press.

——— (1983), *Syllable structure and stress in spanish: A non linear analysis*, Cambridge, Mass., MIT Press.

Harrison, Roy, Margaret B. y Cástulo García H. (1981), *Diccionario zoque de Copainalá*, México, Instituto Lingüístico de Verano.

Harrison, Roy y Margaret B. (1984), *Vocabulario zoque de Rayón*, México, Instituto Lingüístico de Verano.

Hayes, Bruce (1985), *A metrical theory of stress rules*, Nueva York, Garland.

Hayes, Bruce (1986), "Assimilation as spreading in Toba batak", *Linguistic Inquiry*, 17: 467-499.

Herrera, Esther (1991), *La reversibilidad en el zoque*, ponencia presentada en el Primer Encuentro de Investigaciones Lingüísticas, México, UAM-I.

Hoekstra, Teun, Harry van der Hulst y Michael Moortgat (1981), *Lexical grammar*, Dordrecht, Foris.

Hombert, J. M. (1973), "Speaking backwards in Bakwiri", *Studies in African Linguisticis*, 4: 227-236.

Hooper, Joan B. (1976), *An introduction to natural generative phonology*, Nueva York, Academic Press.

Hyman, Larry M. (1982), "The representation of nasality in Gokana", en Van der Hulst y Norval Smith, I: 11-130.

Itô, Junko (1986), *Syllable theory in prosodic phonology*, tesis doctoral, MIT.

Jacobs, Roderick A. y Peter S. Rosenbaum (1970), *Readings in English transformational grammars*, Gin and Company.

Jelinek, Eloise (1989), "Quantification without nouns in salish", Tucson, (mecanoscrito), Universidad de Arizona.

Jespersen, Otto (1913), *Lehrbuch der phonetik*.

——— (1913), *Selected writings*, London, Allen and Unwin.

Kahn, D. (1976), *Syllable-based generalizations in English phonology*, Bloomington, Indiana University Linguistics Club.

Kaisse, Ellen M., y Patricia A. Shaw (1985), "*On the theory of lexical phonology*", en C. J. Ewen y J. M. Anderson (eds.): 1-30.

Kaufman, Terrence (1962), "Mixe-zoque subgroups and the position of Tapachulteco", XXXV Congreso Internacional de Americanistas, t. 2, México.

——— (1981), "Meso-American Indian Languages", en *Enciclopaedia Britanica*, 15ª ed., Macropaedia, vol. 11: 957-963.

——— (1993), "A decipherment of the Epi-Olmec hieroglyphic writing", *Science*: 259.

Kaye, Jonathan, Jean Lowenstamm y Jean-Roger Vergnaud (1985), "The internal structure of phonological elements: A theory of charm and government", en C. J. Ewen y J. M. Anderson (eds.): 305-328.

Kisseberth, Charles y Michael Kenstowicz (1977), *Topics in phonological theory*, Nueva York, Academic Press.

——— (1979), *Generative phonology*, New York, Academic Press.

Kiparsky, Paul (1968), "How abstract is phonology?", en O. Fujimura (ed.).

——— (1979), "Metrical structure assignment is cyclic", *Linguistic Inquiry*, 10: 421-441.

——— (1982), "From cyclic phonology to lexical phonology", en Van der Hulst y Norval Smith, I: 131-175.

——— (1985), "*Some consequences of lexical phonology*", en C. J. Ewen y J. M. Anderson (eds.): 85-138.

Kohler, K. J. (1966), "Is the syllable a phonetic universal?", *Journal of Linguistics*, 2: 207-208.

Leben, W. (1973), *Suprasegmental phonology*, tesis doctoral, Cambridge, Massachussetts [distribuida por Indiana University Linguistics Club, Bloomington], MIT.

Lehmann, Walter (1920), *Zentral-Amerika*, vol. II, Berlín.

Léon, Pierre, *et al.* (1977), *La phonologie: Les écoles et les théories*, París, Kleincksieck.

Liberman, M. y A. Prince (1977), "On stress and linguistic rhythm", *Linguistic Inquiry*, 8: 249-336.

Lieber, Rochelle (1981), *On the organization of the lexicon*, IULC.

Lowenstamm, Jean y Jean-François Prunet (1986), "Le tigrinya et le Principe du Contour Obligatiore", *Revue Québécoise de Linguistique*, 16: 181-207.

Marlett, Stephen A. (1989), "Nasalization in mixtec", (mecanoscrito), Universidad de Dakota del Norte.

Mascaró, Joan (1976), *Catalan phonology and the phonological cycle*, tesis doctoral, MIT.

——— (1983), "Phonological levels and assimilatory processes", (mecanoscrito), Universidad Autónoma de Madrid.

——— (1989), "On the form of segment deletion and insertion rules", *Probus*, 1: 31-61.

——— (1990), "Teoría de la asimilación en las lenguas románicas", en Violeta Demonte y Beatriz Garza Cuarón (eds.).

Matthews, P. H. (1974), *Morphology: an introduction to the theory of word-structure*, Cambridge, Cambridge University Press.

McCarthy John J. (1986), "OCP effects:gemination & antigemination", *Linguistic Inquiry*, 17: 207-263.

——— (1988), "Feature geometry and dependency: a review", *Phonetica*, 45: 84-108.

McDonough, Joyce y Bernardette Plunkett (eds.) (1986), *North East Linguistic Society* (NELS), Toronto, University of Toronto.

McQuown, Norman A. (1942), "Una posible síntesis lingüística macro-mayance", en *Mayas y olmecas*, Segunda Reunión de Mesa Redonda Sobre problemas antropológicos de México y Centro América, Sociedad Mexicana de Antropología, Tuxtla Gutiérrez, Chiapas: 37-38.

Mohanan, K. P. (1982), *Lexical phonology*, Bloomington, Indiana University Linguistics Club.

——— (1983), "The structure of the melody", (mecanoscrito), MIT y Universidad Nacional de Singapur.

——— (1986), *The theory of lexical phonology*, Dordrecht, Reidel.

Odden, David (1986), "On the role of the Obligatory Contour Principle in phonological theory", *Language*, 62: 353-383.

Paradis, Carole y Jean-François Prunet (1990), "On explaining some OCP violations", *Linguistic Inquiry*, 21: 456-466.

Piggott, G. L. (1987), "On the autonomy of the feature nasal", en Bosh, Anna, Barbara Need y Eric Schiller (eds.), 23: 223-239.

——— (1989), "Variability in feature dependency: the case of nasality", (mecanoscrito) McGill University.

Pike, K. y E. Pike (1947), "Immediate constituents of Mazateco syllables", *International Journal of American Linguistics*, 13: 78-91.

Pulgram, Ernst (1970), *Syllable, word, nexus, cursus*, Mouton, The Hague.

Pulleyblank, Douglas (1988), "Underspecification, the feature hierarchy and tiv vowels", *Phonology*, 5: 299-326.

Rotenberg, Joel (1978), *The syntax of phonology*, tesis, MIT.

Sagey, Elizabeth C. (1986), *The representation of features and relations in non-linear phonology*, tesis doctoral, MIT.

Sapir, Edward (1929), "Central and North American languages", en *Selected writings of Edward Sapir*, (1949: 169-178).

Saporta, S. (1965), "Ordered rules, dialect differences and historical processes", *Language*, 41: 218-224.

Saussure, Ferdinand (1915), *Curso de lingüística general*, versión española de Amado Alonso, Buenos Aires, Losada (decimosegunda edición, 1973).

Scalise, Sergio (1984), *Generative morphology*, Dordrecht, Foris.

Selkirk, Elisabeth (1982a), *The syntax of words*, MIT Press, Cambridge Mass.

——— (1982b), "The syllable", en Harry van der Hulst y Norval Smith, II.

——— (1984), "On the major class features and syllable theory", en Aronoff Mark y Richard T. Oerle: 107-136.

Sherzer, J. (1970), "Talking backwards in Cuna: the sociological reality of phonological descrption", *Southwestern Journal of Anthropology*, 26: 343-353.

Shopen, Timothy (ed), (1985), *Language typology and syntactic description, vol. III, Gramatical categories and the lexicon*, Cambridge, Cambridge University Press.

Siegel, D. (1974), "Topics in English morphology", Tesis doctoral inédita, MIT.

Spencer, Andrew (1991), *Morphological theory*, Cambridge, Cambridge University Press.

St Clair, Robert Lawrence (1973), "Affricates as compound phonological segments", *Linguistische Berichte*, 26: 21-24.

Steriade, Donca (1986), "Locality conditions and feature geometry", en McDonough y Bernardette Plunkett (eds.), I: 594-617.

——— (1987), "Redundant values", en Bosch, Anna, Barbara Need y Eric Schiller, 2: 339-362.

Vago, M. Robert (1980), *Issues in vowel harmony*, Nueva York.

Van der Hulst Harry y N. Smith (1982a) *The structure of phonological representations*, I, Foris, Dordrecht.

——— (1982b), "Prosodic domains and opaque segments in autosegmental theory", en *The structure of phonological representations*, II: 311-336, Foris, Dordrecht.

——— (1985), *Advances in nonlinear phonology*, Foris Dordrecht.

Varela, Soledad (1990), *Fundamentos de morfología*, Madrid, Síntesis.

Williams, E. (1981), "On the notions 'Lexical related' and 'Head of a word' ", *Linguistic Inquiry*, 12: 245-274.

Witkowski, Stanley R. y Cecil H. Brown (1978), "Mesoamerican: a proposed language phylum", en *American Anthropologist*, 80: 942-944.

——— (1981), "Mesoamerican historical linguistics and distant genetic relationship", en *American Anthropologist*, 83: 905-911.

Wonderly, William L. (1949), "Some zoquean phonemic and morphopho-nemic correspondences", *International Journal of American Linguistics*, 15: 1-11.

——— (1951a), "Zoque I: Introduction and bibliography", *International Journal of American Linguistics*, 17: 1-9.

——— (1951b), "Zoque II:Phonemes and morphophonemes", *International Journal of American Linguistics*, 17: 105-123.

——— (1951c), "Zoque III: Morphological classes, afix list, and verbs", *International Journal of American Linguistics*, 17: 137-162.

——— (1951d), "Zoque IV: Auxiliaries and nouns", *International Journal of American Linguistics*, 17: 235-251.

—— (1952), "Zoque V: Other stem and word classes", *International Journal of American Linguistics*, 18: 35-48.

——— (1953a), "Zoque VI: Text", *International Journal of American Linguistics*, 19:189-202.

——— (1953b), "Sobre la propuesta filiación linguística de la familia totonaca con las familias zoqueanas y mayense", en *Revista Mexicana de Estudios Antropológicos*, 13: 105-113.

Yip, Moira (1988), "The Obligatory Contour Principle and phonological rules: a loss of identity", *Linguistic Inquiry*, 19: 65-100.

ÁREAS DIALECTALES

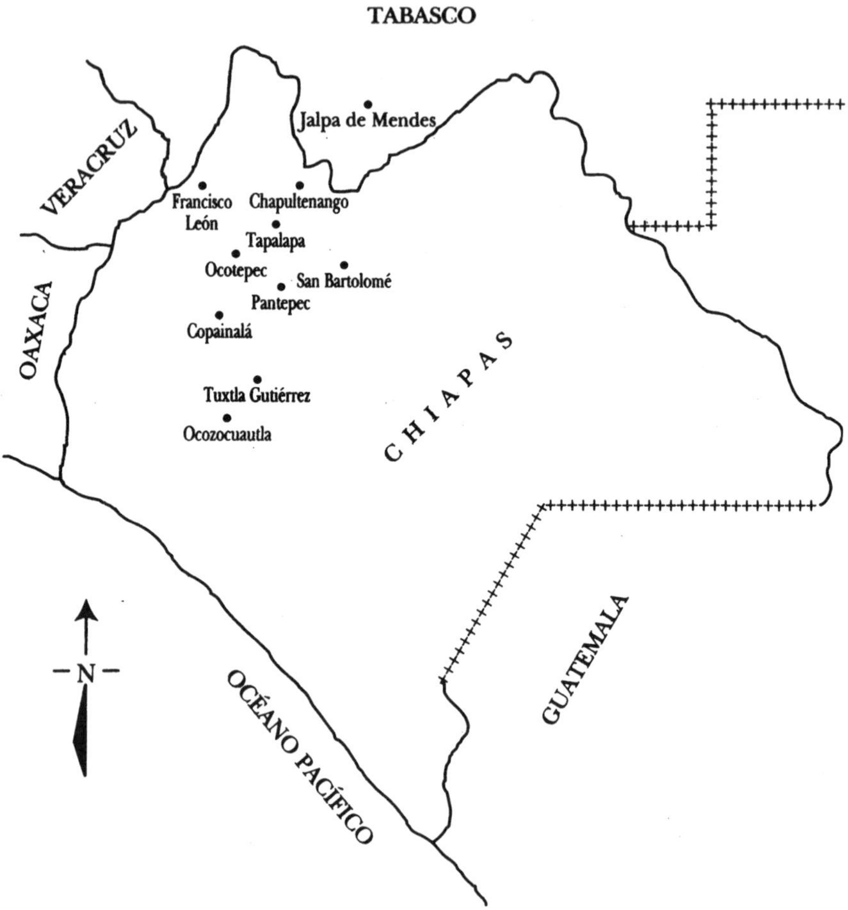

Zoque central: Copainalá
Zoque del norte: Francisco León
Zoque del noroeste: Chapultenango, Tapalapa, Ocotepec, Pantepec, San Bartolomé
Zoque del sur: Tuxtla Gutiérrez, Ocozocuautla
Ayapaneco: Jalpa de Mendes

Este facsimilar de
Palabras, estratos y representaciones.
Temas de fonología léxica en zoque
es propiedad de El Colegio de México
y se terminó de imprimir en
Librántida bajo el modelo de
distribución bajo demanda.
www.librantida.com

Made in the USA
Monee, IL
11 November 2026

68341120R00118